U0921266

珍藏本
纪念版

汉译世界学术名著丛书

# 论降低利息和提高货币价值的后果

〔英〕约翰·洛克 著

徐式谷 译

2017年·北京

John Locke

# SOME CONSIDERATIONS OF THE CONSEQUENCES OF THE LOWERING OF INTEREST AND RAISING THE VALUE OF MONEY

In a Letter Sent to a Member of Parliament, 1691

（根据《约翰·洛克著作集》〔The Works of John Locke〕伦敦 1824 年版第 4 卷译出）

# 汉译世界学术名著丛书
# （120年纪念版·珍藏本）
## 出 版 说 明

2017年2月11日，商务印书馆迎来120岁的生日。120年前，商务印书馆前贤怀揣文化救国的理想，抱持“昌明教育，开启民智”的使命，立足本土，放眼寰宇，以出版为津梁，沟通中西，为中国、为世界提供最富智慧的思想文化成果。无论世事白云苍狗，潮流左右激荡，甚至战火硝烟弥漫，始终践行学术报国之志，无改初心。

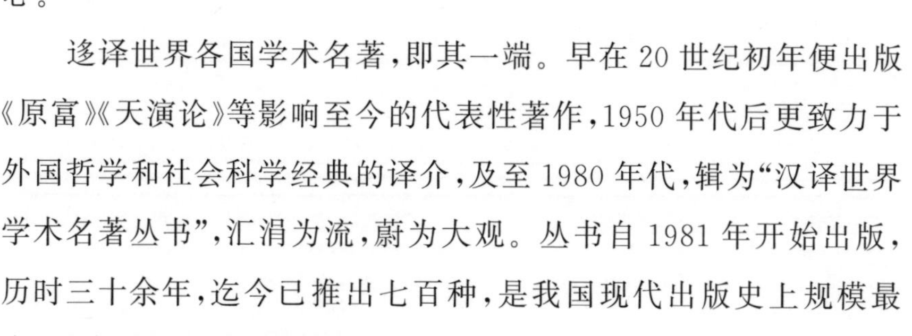

迻译世界各国学术名著，即其一端。早在20世纪初年便出版《原富》《天演论》等影响至今的代表性著作，1950年代后更致力于外国哲学和社会科学经典的译介，及至1980年代，辑为“汉译世界学术名著丛书”，汇涓为流，蔚为大观。丛书自1981年开始出版，历时三十余年，迄今已推出七百种，是我国现代出版史上规模最大、最为重要的学术翻译工程。

丛书所选之书，立场观点不囿于一派，学科领域不限于一门，皆为文明开启以来，各时代、各国家、各民族的思想与文化精粹，代表着人类已经到达过的精神境界。丛书系统译介世界学术经典，

引领时代思想，为本土原创学术的发展提供丰富的文化滋养，为推动中国现代学术和现代化进程做出了突出的贡献。

为纪念商务印书馆成立120周年，我们整体推出“汉译世界学术名著丛书”120年纪念版的珍藏本，寄望既利于文化积累，又便于研读查考，同时向长期支持丛书出版的译者、编者和读者致以敬意。

两甲子后的今天，商务印书馆又站在了一个新的历史时间节点上。我们不仅要铭记先辈的身影和足迹，更须让我们的步伐充满新的时代精神。这是商务人代代相传的事业，更是与国家和民族的命运始终紧密相连的事业。我们责无旁贷，必须做好我们这代人的传承与创造，让我们的努力和成果不仅凝聚成民族文化的记忆，还能成为后来人可以接续的事业。唯此，才能不负前贤，无愧来者。

商务印书馆编辑部

2017年10月

# 前　言

本书作者约翰·洛克(John Locke，1632—1704)是17世纪英国著名的唯物主义哲学家、资产阶级经济学家。他出身于一个律师的家庭，曾在牛津大学学习，研究哲学、物理、化学和医学。早年即同著名科学家波义耳、牛顿等人结识。17世纪70年代多次去巴黎，广泛接触学术界人士。他在政治上同代表资产阶级利益的辉格党有密切联系，曾做过反对王室的辉格党领袖沙夫茨贝里的家庭教师和顾问。1672年沙夫茨贝里被任命为大法官时，洛克担任他的秘书。由于反对王室而受到保皇党的迫害，洛克继沙夫茨贝里之后，于1683年也逃到荷兰。在荷兰的五年中，他曾同当时许多知名人士交往，从事著述工作。他于1688年资产阶级“光荣革命”后回国，担任过英国贸易和殖民事务大臣。他还是1694年成立的英格兰银行的发起人和大股东之一。

洛克是英国新兴资产阶级的代表。正如马克思所说，“约翰·洛克是一切形式的新兴资产阶级的代表，他代表工厂主反对工人阶级和贫民，代表商人反对旧式高利贷者，代表金融贵族反对作为债务人的国家，他在自己的一本著作中甚至证明资产阶级的理智是人类的正常理智”①。

① 《政治经济学批判》，第61页。

在哲学上,洛克继承和发展了弗朗西斯·培根和霍布斯的思想,强调知识和观念起源于感性世界。他反对天赋观念说,认为心灵本来像一块白板,人们在后天中取得了经验,才产生了认识。但是他又认为,除了来自外界的感觉,还有一种由于心灵本身的活动而产生的内部经验或“反省”,由此而提出所谓两种性质的学说:他把色、声、嗅、味等物质的属性说成是第二性的质,不同于第一性的质,认为它不是物质本身所具有的属性。这说明洛克的唯物主义是不彻底的。

在社会政治观点方面,他从资产阶级自然法理论出发反对“君权神授”等谬论,认为在自然状态中人人受自然法即理性的统治,任何人都不得危害别人的生命。显然,这是美化资产阶级的私有制,把它说成是一种亘古不变的天然合理的社会制度。洛克代表的是同封建贵族妥协的那一部分资产阶级的利益,因此,他既反对君主专制政体,也反对资产阶级民主主义者所主张的共和政权,而拥护议会制的资产阶级君主立宪政体。他还提出了分权说,直接为英国的君主立宪制、为资产阶级和贵族瓜分权力制造理论根据。

洛克的哲学思想和政治观点对洛克的经济思想以至西欧各国的资产阶级经济学都曾产生深刻的影响。马克思指出:“洛克是同封建社会相对立的资产阶级社会的法权观念的经典表达者;此外,洛克哲学成了以后整个英国政治经济学的一切观念的基础,所以他的观点就更加重要。”[①]马克思还说:“一般说来,英国早期的经济学家都把培根和霍布斯当做自己的哲学家,而后来洛克成了英



① 《马克思恩格斯全集》,第26卷,第1分册,第393页。

国、法国、意大利的政治经济学的主要‘哲学家’。”①

洛克在经济学方面的主要著作是《论降低利息和提高货币价值的后果》，出版于1691年。在本书中，他就利息、货币等问题阐述了自己的看法，在一些方面发展了威廉·配第的观点，同时反驳了封建贵族的代表在这些问题上的理论观点和实际主张。

洛克用资产阶级自然法理论观点来解释利息和地租。他说，土地和自然界生产的一切都是公有财产，人身的所有权则属于每个人自己。既然自己本身属于自己所有，每一个人用他的双手从事劳动而获得的一切，就理应成为他个人的财产。劳动决定了产品的私有权，同时也决定了一切东西的价值的差别。但由于生产出来的东西会腐烂或者损坏，每一个人所有的只能限于自己所能使用的东西，不能超过这个限度。货币或者金属这种耐久性的东西产生以后，情况有了变化，每个人可以拿自己的劳动产品来同货币相交换，或把货币储藏起来，这样，人们持有的财产数量就能够超过自己所能使用的限度，从而产生了个人所有权的不均，即财产(货币)分配上的不均。正像土地分配上的不均产生了地主和租地人一样，货币分配上的不均也产生了债权人和债务人。“因此，我的货币在贸易中由于借款人的勤劳，可以为他产生出6%以上的收益，正像你的土地由于租地人的劳动可以产生出大于他所付地租的成果一样。”

洛克的利息理论是建立在劳动价值论的基础上的。他同配第一样，用地租来论证利息，而在论述地租的起源时，也强调劳动的

① 《马克思恩格斯全集》，第23卷，第428页注。

作用。他还明确地指出，利息和地租的产生都是生产资料和直接生产者相分离的结果。一些人占有了生产资料，就能够利用这些生产资料来取得别人的劳动成果，“把一个人的劳动的报酬转移到另一个人的口袋中去”(本书第33页)。这里，他把利息和地租看成了别人的剩余劳动的产物。他发表这种见解，是为了向封建贵族说明，放款人所取得的利息是同地主取得的地租毫无区别的，取息和收租都是正常的、合理的现象。可是他在无意中却揭露了地租的“神秘的本质”，同时也就暴露了资本(在生息资本的形态上)的“神秘的本质”。

根据上述理论，他极力反对降低利息。他认为，正像地租率的高低是受土地量的限制一样，利息率的高低是受货币量或资本量的限制的，人们不能制定法律压低地租，也没有理由制定法律降低利息。我们知道，在资本主义制度下，利息率是利息量同贷出的货币资本之间的比率，它的高低以借贷资本的供求关系为转移，国家对于利息率的调整必须适应借贷资本运动的客观过程，要是只靠一纸法令强制推行，就会产生混乱。但洛克把借贷资本同资本以至货币完全混为一谈，就不可能正确地说明利息率的变动。

在货币理论上，他动摇于名目论和金属论之间。他说，金属货币的价值只是一种想象的或假定的价值。这是一种名目论的错误观点。可是，在他代表新兴的资产阶级和金融贵族的利益反对作为债务人的国家时，他又坚持金属论的立场。当时市场上流通的货币由于磨损和被盗削，重量大为减轻，以致生银的市场价格高于它的铸币价格，流通中的货币大量被熔成银块出售，市场发生了混乱。为了消除生银的价格和铸币价格之间的差别，当时的财政大臣朗斯主张适应生银价值提高的情况改铸货币，即把每盎司白银铸5先令2便士改为铸6先令3便士。如果实行这种办法，政府就可以用比较少的银数来偿还债款。洛克反对这种主张。他说决定货币价值的，不是它的名称，而是它的金属内容。生银价值高于铸币价格的原因，不是生银的价值提高了，而是银币的重量减轻了。因此他要求发行分量准足的铸币，收回分量不足的铸币。争论的结果，洛克获得了胜利。其实，金属论也不是完全正确的。它只承认货币有价值尺度和贮藏手段这两种职能，而不了解货币用作流通手段时具有的特点，把流通过程和简单的商品交换混为一谈，把实价的金币和银币看成是唯一的货币，否定在流通中货币符号可以代替金属货币。这显然是不妥当的。此外，对于货币数量论（持这种理论的人错误地认为，商品的价格只是由流通中的货币数量决定的），他的态度也是摇摆不定的。

洛克是“现代政治经济学的始祖”威廉·配第的直接后继者之一。他的这部著作的翻译出版，对于读者了解威廉·配第以后资产阶级古典政治经济学的发展，对于学习马克思主义政治经济学是有一定帮助的。

胡企林

1978年2月

先生：

您知道，关于铸币问题的这些看法大致是十二个月以前写下来的，而关于利息的那些看法则是很多年以前写的了。现在我把它们再次送交给您，请您随意把它们传给别人(因为您愿意这样做)。如果您在再读之后，仍然对它们表示嘉许，而且一定要把它们出版，那我就要请您记住，您必须为它的文体对世人负责，因为这种文体乃是一个人在寻求真理而不尚虚饰、只求意见正确和使人了解的时候随便给朋友写信所用的文体。自从去年您看到这些文稿以后，我在报刊上看到一些新的反对意见，这些意见我已努力加以驳斥了。我特别研究了一篇题为《评献给上议院……的一篇论文》的出版物。因为我们可以很自然地认为，一个极力赞成某一论点的人，对任何有利于这一论点的话是绝不会不说的。此外我还必须在这里提一下我刚刚从荷兰那里听到的话："荷兰发现他们由于熔化自己的杜卡东币和其它较好的银币而大铸劣〔先令〕币，遭受到很大损失，所以已经决定只铸造成色好的银币，直到奠定了新的铸币基础时为止。"

我知道，您对国家的热爱和关怀，使您孜孜不倦地从各方面寻求有益国家的方法，绝不肯忽视任何您认为可能有一点好处的东西(即使它是才能最差的人提供给您的)，否则您就不会命令我寻找这篇早已忘诸脑后的讨论利息减至百分之四的问题的旧稿。我重新检视了这篇旧稿以后，觉得我现在的看法和将近二十年以前的看法并无两样，我觉得这篇东西仍然是正确的，否则我也不敢冒昧地把它呈献给您。如果我的看法是错误的，我确信我的用心还是公正的。错误之处，希加教正。

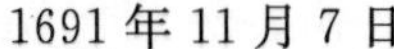

1691 年 11 月 7 日

先生：

“利息”的收付对我没有什么切身关系，所以我不致因利害关系和偏好而存有偏见；如果我也能不因无能和愚昧而误入歧途，那么我就可望能够对您详尽地阐明把利率降到百分之四的法律有何后果。既承垂问，自当尽我所能，力求公正地叙述这一利息问题。

首先要考虑的问题是：“借款所付的代价能不能由法律来加以规定呢？”对这问题，我想一般我们可以说：显然是不能的。因为既然不能颁布一条法令禁止人们把金钱或财产赠送给随便哪一个他所喜欢的人，也就同样不能制定任何法律，来禁止那些精于理财和转移财货之道的人按照当时必须支付的利息来借钱使用。因为必须记住，任何人借钱或付利都不是为了寻乐，人们所以不惜麻烦和费用去借钱，是因为他需要钱。只要与此需要相适应，无论要花多少代价，人们都肯于去借钱。我是说，无论您怎样做，那些精于此道的人总能设法规避您的禁令、避免法律的惩罚。那么这样一种法律将产生什么不可避免的后果呢？

1. 它将使借贷更为困难，从而贸易（财富的基础）将受到妨害。

2. 它将不利于那些最需要帮助的人们，我指的是那些只有现钱财产的孤儿寡妇和其他不懂得精明人的经营技巧的人们，这些人，特别是孤儿，除了法律允许的一点点利息以外，绝不能从他们的货币上得到更多的好处了。

3. 它将大大增加银行家、放利者以及这一类老练经纪人的好处。目前的贸易、货币和债务的情况，总会把利息提高到和货币的真正和自然的价值相等，上述这些善于根据真正和自然的价值贷放款项的人，永远能得到超过法定利息的真实价值。因为人们发觉把自己的钱存在可靠的人手中的方便时，那些无知和懒惰的人立刻会争先恐后地把钱交给这些人，他们知道这些人乐于接受这种存款，而且钱存在这里，在有急需的时候，可以随时取回其全部或一部。

4. 我恐怕我还可以把下面这一件事算做这种法律的可能后果之一，即它将使国内许多人犯伪誓罪。这种罪行是立法者应该最仔细地设法防止的；他们不但要惩罚已证实的明显的伪誓罪，而且应该消除和减少发伪誓的诱惑，从而釜底抽薪地防止它；因为如果诱惑力很强（人们在为自己的利益而发誓时，这种诱惑力就很强），人们对于触犯刑章的恐惧是不会起什么约束作用的，特别是在罪行难以被证实的时候。我认为在订立这条减低利息的法律以后，人们一定会想办法用利息以外的其他托词来借钱，以便逃避法律的严格规定；他们一定会秘密勾结，朋比为奸，尽管他们的形迹可疑，但是除非他们自己招认，他们的罪行是永远不能被证实的。我听见许多很严肃和明察世事的人对伪誓流行给人们生命财产带来的威胁表示埋怨。忠诚信实，特别是在一切对天宣誓时的忠诚信实，乃是社会的一个重要维系力量。所以明智的法官们要尽可能在人们心中培养它，使人们认识这样做是一种神圣和严肃的天职。但是，如果宣誓过多，使得人们把它看成只是一种法律形式；或者如果伪作诚实的习惯（人们在有关自己的案件中宣誓时往往容易这样做）使得人们堕入伪誓罪，而这种罪行及其诱惑力又传播甚广，几乎成为一时风尚时，社会的维系力量就要解体，社会将不可能存在下去，一切都将瓦解而陷于混乱了。让人们在有关自己

的案件中宣誓的做法，很容易使人们逐渐把宣誓当作老生常谈而不予重视，我觉得从以上所说的看来，对于这类做法我们是有理由加以怀疑的。船主们一般都是勤劳严肃的人，我认为就他们的人数和地位而论，可以说他们的诚实较任何其他一种人不会有逊色，然而从我和其他国家商人的谈话中，我发现这些人认为在他们那些地方在海关里是可以随便发誓的；甚至于我记得我曾听说，在海外一个商业城市里，一个被认为很严肃而公正的船长也不能不说："但愿海关里的宣誓不是罪恶吧。"我说这些话，并不是要责备这些船长，我认为他们的正直不下于任何一种人，并且我确信他们在英国臣民中是最勤劳、最有益、应该受到爱护和重视的人，但是在这里我不能不提出这点作为一个例证，说明使人经常为和自己有关的事情宣誓，是多么易于诱人犯罪。立法者应该经常注意和考虑使誓言在人们心目中保持其应有的崇高和神圣的地位。如果蔽于私利的宣誓太多，使人们对它不加重视，而时尚又重利轻义（时尚很少不这样做）的时候，就永远不能达到这一目的。



但是，当我们考虑到给葡萄酒、丝绸或其他非必需品规定价格是如何困难，并且考虑到在饥荒年间给食物规定价格是如何不可能的时候，我们也许就会看出法律不能禁止人们收取高于法定利率的利息（只有人们对于货币的需要程度才能决定货币的价格）。因为货币是一种普遍通用的商品，它对于贸易正像食物对于生命一样是不可或缺的；无论要出什么样的代价，人人都必须获得它；当货币缺少时，代价就必然要高些；而且负债和贸易一样，都促使借钱成为一时风尚了。银行家就是很明显的例证：若干年来货币的缺乏使英国的利率实际在6%以上，大多数不会以6%以上的利率放款而使自己不受法律惩罚的人们，便把他们的货币交到银行家手里，因为钱放在那里，当他们有更好的使用货币的机会时可以随时收回。所以法定的利率既不利于放款人，也不会对借款人有利，在没有限制时，这些借款人是愿意对货币付出它所能负担的利息的。这种做法将只对银行家有利。如果我们把利率减到4%，那些借钱的大小商人不会比现在少付一丝一毫利息，但是却会发生下面两种恶果：第一，这些借钱的人也许要付更高的代价；第二，国内留存的经营贸易的货币将会减少。因为那些最多只付出4%的利息，而收入6%、10%或更高的利息的银行家们，在利率低时可能比现在利率高时愿意把更多的钱闲置在手边，这样一来，贸易中流通的货币就要减少，货币将更感缺乏；由于银行家的垄断，这种缺乏又将提高借钱的利率。银行家的经营技巧，再加上别人的懒惰或无能，往往使国内财富大部分流入他们的手里，这可以从清查国库时发现的他们所欠巨额款项上看出来。下面一件事确是非常真实的，然而简直令人难信：伦敦一个私人金匠[①]只凭他一张票据（通常只是由他的一个手下人签字的一张字据）居然一次得到110多万镑的信贷。我想这一行业现在仍然是这种情形。如果您用法律把利率降低到4%，那么，谁都不会想向银行家要高于4%的利率，虽然那些需要在贸易上用钱的人，那时还和现在一样必得以5%、6%或者（在某些情况下）以7%、8%的利率才能借到钱。如果在法律允许人们从自己的货币上得到更多利润时，银行家手上还握着我国现金中这样大的一部分，那么在有这条法律时，谁敢

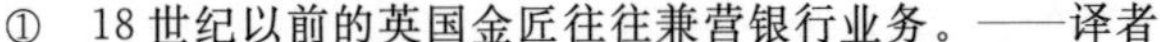

① 18世纪以前的英国金匠往往兼营银行业务。——译者

保它不把更多的现金驱逐到伦巴德街[①]上去呢？——现在就有很多宁以4%或5%的利率放款给他们而不肯以6%的利率对别人放款的人。所以如果使合法利率和自然利率相接近(我说的自然利率，是指在货币平均分布的条件下，现在的货币缺乏情况所自然决定的利率)，也许可以使利率低到有利于借款者，并且肯定使货币分配得更有利于我国的贸易；因为那时人们可以依法获得接近全部自然利率的利息，就不会动辄把货币带到伦敦交入银行家之手，而将把货币借给乡邻，而为了便于贸易，货币本来是应在乡间流通的。但是，如果降低利率，那些其利益在于提高利率的放款人，由于有银行家的独占，又由于有违反法律的危险，就宁愿把钱按法定利率借给银行家，而不愿借给那些当这种法律失效时一定肯支付自然利息或更多的利息的商人和士绅们。假定自然利率是7%而合法利率是6%，首先货币所有者就不会为了1/7的好处(这是他的货币所能提供的最大的好处)而敢于触犯刑章；银行家的利益不过是1%，也就不愿意冒险来借款；而有钱的人可以在家乡合法地获得更大的利润，也不会把钱借给银行家。一切危险在于：如果入不敷出的情况把自然利率提得过高，以致我国商人不能依靠他们的劳动生活，而富裕的邻国商人又廉价销售他们的商品，使我们所赚利润不够支付利息和维持生计，则我国贸易就将受到损失了。要摆脱这种处境别无他法，只有厉行普遍的勤俭节约，或者掌握着一种在世界上只能由我们供应，所以必须按照我们所要的价格来向我们购买的商品的贸易。



① 伦巴德街是伦敦银行家集聚之所。——译者

我认为货币的自然利息是由于两种情况而提高的。第一，一个国家的货币太少，与其居民彼此间的债务不相适应。假设1万镑就足以经营百慕大的贸易，再假定最初去那里的10个移民带去了2万镑，并把这些钱借给那里的一些商人和居民；这些人过着超过他们的收入的生活，用掉了其中1万镑，使这笔钱离开了这个岛。显然，如果债权人一齐收回他们的放款，商人不得不把用在贸易上的钱拿来还债，货币就要大感缺乏；否则债务人需钱，只好听从债权人支配，利率就将提高。但是，除非在很大的普遍危机中，所有或绝大部分债权人同时收回放款的事情是很少发生的，更常见到的情况倒是人们的债务增加得很多，这经常使借款者多于可能放款的人，结果货币缺乏，利率提高。第二种经常提高自然利息的情况是：货币太少，与全国贸易情况不相适应。因为在贸易中，每个人都根据自己的需要而寻求货币，所以人们总会感到这种不相适应的情况。假定英国实有货币100万镑，而英国人负债总数只100万镑，则货币正好与债务相适应；但是如果贸易需要200万镑，那就缺少100万镑，货币的价格就会提高；这和市场上任何其他商品在不能满足半数买主的需要、每两个买主只有一个卖主的时候，其价格将会提高是一样的。

因此，要想有效地用法律来降低利率是徒劳无益的，其不合理等于希望能对房屋和船只的租价作固定的规定。需要一只船而不愿失掉他的市场的人，绝不会坚持按市价来租船，即使租费有法律限制，他也一定要想方设法保证船主多得租价。需要货币而不愿丧失航行或贸易机会的人，总会为获得货币而支付自然利息，并且愿意接受能使借款人逃避法律制裁的付款方法。所以限制利息的法律最好也不过是增进借钱的技巧，绝不能减轻借钱者的负担；借钱者为了能借到钱，恐怕要费更多的事，跑更多的路，还要付更多的代价；除非我们的企图只是要干预过去已经订立的抵押和合同，要以一条法律使以前依法作成的交易无效(这是不可想象的)，并且把张三应得的东西给予李四——不为别的原因，只是因为一个是贷款人，另一个是借款人。

但是，即令这种法律满足了它的提倡者的愿望，即令这一法令制定得能够把货币的自然价格固定下来，并且能够阻止任何人以高于4%的利率贷出货币(这显然是做不到的)，让我们再看看它将产生什么后果。

1. 它将使孤儿寡妇和一切以货币为财产的人们损失他们的财产的1/3，这对许多人将是非常难堪的事情。全国的明智之士要严肃地考虑一下，他们这样做是不是会一举而科罚并弄穷大部分以货币为财产的无辜的人；这些人有权按照货币的所值赚得利息(他们不能赚得更多)，正像地主有权按照土地所能生产的价值来出租土地一样。人们没有犯任何罪行或过失就被罚掉1/3的财产，这似乎是太苛酷了。

2. 它将使握有货币的人蒙受很大的损失，而对国家并无好处。因为只要商业没有受到妨害，国产商品和制造品的输出没有被阻碍，本国自己人之间谁赚谁赔是与国家没有什么关系的。可是公共慈善心教导我们说，法律应对那些最不能照应自己的人给以最大的照应。

3. 这将有利于借钱的商人。因为如果他以4%的利率借款，而他所得的利润是12%，则他的纯利为8%，贷款人只得4%；但现在他们则是平分，各拿 6%的。如果商人和贷款人双方都是英国人，这对于英国的贸易既无好处也无害处；只不过是像我所说的那样，把除金钱外没有任何其他东西可赖以为生的人的财产的 1/3 转入商人的腰包而已（这样做既不是因为后者有功劳，也不是因为前者有过失）。除非对公众明显有利，私人的利益是不应该遭受到这样的忽视或牺牲的。但是在这个事例中，情况却恰恰相反。拥有现款的人的这种损失将有害于贸易，因为利润和风险不相称，将使人不愿放款；当我们考虑到鼓励放款的效果时，我们就会知道，鼓励放款可以使国内的货币不致闲置起来从而损害贸易。

4. 这样做将阻碍贸易。因为要经营多大的贸易就需要一定比例的资金，而有多少资金闲置起来，就会减少多少贸易。在风险大、获利小的时候（在英国以低利率放款就是这种情形），许多人们就宁愿把自己的钱窖藏起来，而不愿意以这种条件把它放到外面去冒险。这对于国家将是一种损失，而在英国主要应该防止的就是这样一种损失，因为我们除了贸易以外，并没有矿山或者任何其他方法来取得或保持财富。我们的贸易受到多少损失，我们的财富就必然要流走多少；我们和邻国之间的贸易逆差必然会把我们的现金带走，并很快地使我们处于贫困和无以自保的境地。虽然黄金和白银本身的用处不多，然而它们能换得一切生活用品，所以财富就在于黄金和白银丰足。

人人都知道，只有矿山能提供金银，但是我们也能看到大多数拥有这种自然矿藏的国家却很贫困。这些金属的挖掘和提炼需要劳动，要费很多人力。中国人就因此而采取不开采他们所拥有的矿藏的明智政策。的确，如果正确考虑问题，从矿山挖掘出来的金银并不像从贸易上得来的那样使人致富。要想使天平上较轻的一方压过另一方，与其在轻的一方加上新的重量，不如把这份重量从较重的一方取过来更能迅速奏效，因为这样做是事半功倍的。富足不在于有更多的金银，而在于我们所有的比世界其他地方或我们的邻国多，这样我们就能买到更多的、邻国所不能买到的生活享用品；邻国所有的金银在世界上只占很小一部分，缺少富足和强盛的手段，因而就贫困了。即使由于发现新矿，世界的金银比现在多一倍，而它们那份金银也增加了一倍，那也丝毫不能使它们比现在更为富足。我所说的世界上的金银，绝不能理解为埋藏在地下的，而必须理解为已经开发出来、为人握有的。这一点如果很好地加以考虑，对于贸易将是一个不小的鼓舞，而贸易如果勤勉巧妙地加以经营，是比任何其他途径都更可靠的致富捷径。

在没有矿藏的国家里，致富之法只有两种，一是征服，一是商业。罗马人曾使用第一种方法使自己成为世界财富的主人。但是我认为，在我们现在的情况下，没有人会狂妄到还想以武力去获取世界财富，以从战败国那里取得的战利品和贡赋作为政府支出的来源，并以其剩余来满足人民的需要以及对于奢侈品的渴望和爱好时髦的虚荣心了。

所以，我们致富或维持生存之路只有商业一条了。在海上既大胆又能干的我国人民的勤勉和习性，我国地势的优越，都天生使我们适于从事商业。到现在为止，英国一直是倚靠商业。贸易几乎是放任自由的，它只靠上述那些天赋优点之助，给我国带来了大量财富，并且一直使我们的地位即使不比一切邻国优越，至少也和它们平等。自海运改善以来，贸易的利益更大，更容易为人所了解，要不是这种情况给我们增加了许多劲敌，毫无疑问，我们的贸易是会很容易地这样继续下去的。前几个朝代的特别政策也在海上为我们增加了其他敌手；如果我们由于经营不善或者缺少货币而让一部分贸易滑出手去，那么我们的敌手一定要把它们攫为己有。这种贸易一旦丧失之后，要想以事后补救的办法来收复它，那就为时已晚不容易做到了。因为商业之流很像流水，会做成自己的渠道，渠道已成之后要想使它改变方向，那就和要使两岸间冲刷已深的河水改变方向同样困难。

所以，贸易是获取财富所必需，而货币是进行贸易所必需。我们必须重视和注意的主要就是这一点。因为如果忽视了它，要想在我们自己中间把我们所有的那一点钱用各种方法彼此夺来夺去，来使我们不受困乏之苦，那是徒劳无益的。贸易的衰落很快就会把那点余财消耗掉；到那时候，那些认为降低利率也许可以提高自己土地价值的土地所有者，就会知道他们是完全错误了。因为到了货币消失时（如果我们不维持我们的商业，必有这样一天），他将既找不到租地的农人，也找不到购买土地的买主。所以，一切阻碍放款的事情都对贸易有害，因此那种会使人不愿放款的、把利率降低到百分之四的做法，将使许多现钱不能再来推动贸易的齿轮，从而使国家遭受损失。但是这一切都是就借贷双方都是英国人来说的。

如果放款者是外国人，那么把利率从6%降低到4%，将为国家节省下我们每年付给外国人的利息的1/3，如果谁高兴把这笔钱看成是一笔相当大的款项，就请他这样看吧。但是在把利率降低到4%时，很可能发生下列情形之一：不是降低我们国产商品的

价格，就是减少我们的贸易，要不就是不能像我们所希望的那样禁止高利率。因为在减低利率时，我们也许还需要钱来进行贸易，也许不需要钱。如果我们不需要钱，那就没有必要来防止以高利率从邻国借钱。任何国家向邻国借钱都是为了贸易上的需要，谁也不会向外国人借钱闲置起来。如果我们确实需要钱，这种需要就仍然会使我们从能够借到钱的地方，以为这种需要而不是为我们的法律所决定的利率去借钱；否则如果缺了钱，就一定要妨碍商人的购买和输出与工匠的制造。至于国家由于降低利率是得到利益还是受到损失（无疑低利率总是对商人有利的），那得看由于对外国人付息而带出国的货币（假定外国商品的消费量不变），比由于缺少货币和妨害贸易而使我们不能带回国来的货币是多是少；而这是只有那些知道我们从外国借到多少钱和以什么利率借到，并且知道我们用这些钱在贸易上获得多大利润的人，才能估计出来的。

诚然，向外国人出利息借款确是会带走我们一部分好处；然而在研究这个问题以后，我们就会发现我们的日渐富裕或贫困，完全与我们是否出利借钱无关，而只决定于我们输入或输出消费品的较多或较少。假设200万镑货币就可以经营英国的贸易，并且我们自己有足够货币做到这一点；如果我们用100万镑来消费我们自己的工农业产品及所购买的外国商品，而对于另100万镑则完全没有消费，只是以它来赚取每年10%的利润，那么我们必将一年比一年多10万镑，而我们的资本也将随之增加；但是如果我们输入的消费品超过我们的输出，那就一定要输出货币来支付，而我们就将越来越穷了。所以，假设我们由于不节俭而只剩100万镑的资本，并以6%的利率去借那另100万镑(因为不得不借，否则就将丧失我们的一半贸易)，如果我们仍只消费100万镑，并且仍然从那另100万镑获得每年10%的利润，那么，英国虽然每年付6万镑利息，每年仍能赚得4万镑。因此，如果商人的利润比他所付的利息多(肯定是这样，否则他就不会进行贸易了)，而以借来的货币进行的贸易又只是使我们的出口超过进口，那么，我国由这种借款所得的好处，就和商人利润超过他所付的利息的好处相同。但是如果我们只是为了消费而借钱，那我们就将因为既得出钱来买我们所消费的商品，又得为那笔钱出利息而变得加倍贫困，虽然商人总是由于获利多于他所付的利息而得到好处。所以向外国人借钱这一件事本身并不一定使我国变富或变穷，因为这两者是都有可能的。使我国贫困的原因，是花费的金钱超过了我们的工农业产品所能偿付的数目，而贫困又使我们借债。

货币是贸易所必需的，这点可以从两方面来考虑。首先，我们考虑它在那种支付劳动者和地主的人的手中的情况(因为在这里货币的运动就终止了，在这些人之间无论货币通过谁的手，他只不过是一个中间人)；如果这种人缺少货币(比方他是一个毛呢制造业者)，那么这一制造业就告停顿，而贸易也就停止和失败了。第二，我们可以考虑货币在消费者手中的情形(我把那些购买制成的商品出口的商人也归入消费者名下)；如果这种人缺少货币，制成的商品的价值就要减少，而国家就要在价格上受到损失。所以如果降低利率，而又不能使外国人服从我们的条件，那么，我们的地主和工匠就将遭受到不良后果；如果我们的法律能迫使外国人或是按我们的利率借钱给我们或是根本不借，那么他们岂不是更可能把货币提回国去，并且认为货币放在自己国内比在一个正在衰退的国家拿4%的利息更安全些吗？他们即使货币过剩，也不会按照我们的条件借钱给我们，因为当我们市场上的物价由于商人缺少货币而跌落时，一个荷兰人会发现自己买我们的商品比把他的钱以4%的利率借给英国商人去进行贸易更为有利。并且航海法案也不能通过要求他们空手而来的办法使他们不来，因为即使在现在就已经有人认为，许多表面上是英国商人的人实际是荷兰人的代理人，他们以自己的名义替别人进行贸易。所以，如果这种降低利率的措施既使我国有些人不对商业需款之处放款，又使外国人调回他们的一些货币，那么，英国就会受到损失。

我看到一篇为了降低利率而写的论文，发现它对于外国人调回他们的货币将不利于我国贸易的说法作了下列的答辩："外国人的钱并不是用铸币或生金银，而是用货物或汇票输入我国的；当我们偿付这笔钱时，也一定是用货物或汇票，所以我国货币将不会减少。"我真不能不奇怪，一个写关于货币及利息问题的著作的人如何能在贸易问题上说得这样牛头不对马嘴。他说"外国人的钱并不是用铸币或生金银，而是用货物或汇票输入我国的"。那么请问我们是如何得到生金银或货币的呢？我知道我国并不出产黄金，出产白银也很少，以致我国现有白银的十万分之一都不是从这个岛上的银矿中开采出来的。如果作者是说在我国放款取利的荷兰有钱人没有以金银或硬币形式把他的钱调到我国来，他的话可能是对的，也可能是错的；但是无论对或错，都无助于他的论点。因为如果那位荷兰人把他的钱付给他的邻居的一位商人，而把那位商人的票据拿到英国来，那就等于他送来了这笔钱，因为他使那位商人把英国人欠他的钱留在英国，否则这笔钱就要被带走了。“不然，”我们这位作者恐怕要说，“他不能把钱带走，因为当别人把这笔钱付给他的时候，他也一定是用货物或汇票运回的。”这种款项不得以现金支付和输出，我们的法律的确是这样规定的；但是这只是一种想把杜鹃鸟用篱笆围住的毫无实效的法律；因为如果我们不输出货物，使得在荷兰有人欠我们的商人款项，那么又如何能用汇票来支付呢？而且就货物说，不论在哪里，值 100 镑的货物也不能偿付 200 镑的金钱。我发现有许多人在贸易中以上述的看法自欺，所以看来还值得把这个道理说得更清楚一些。

让我们假设英国人口和现在一样多，羊毛织品和现在一样好，可是完全没有钱，而每年以价值 20 万镑的这种羊毛织品与有一百万镑现金的西班牙进行贸易；再假定我们每年从西班牙运回价值 10 万镑的油、酒和水果，并且如此贸易了 10 年。显然我们运出了价值 200 万镑的羊毛织品而运回了价值 100 万镑的油、酒和水果，可是其余的那 100 万镑到哪里去了呢？英国商人们肯放弃它吗？我们可以肯定，他们是不肯的；我们也可以肯定，如果他们没有每年都得到与他们输出货物相当的报酬，他们也绝不肯继续贸易下去。那么这种报酬是如何支付的呢？显然是用货币；因为西班牙人在这种贸易中没有在英国得到任何债权，也没有任何得到债权的可能性，所以对那 100 万镑绝不能用汇票来偿付；而他们除了我们每年所买的 10 万镑货物以外又没有我们所需的商品，所以也不能用商品来偿付我们。因此必然的结果是，这每年 10 万镑的贸易差额必须用货币来偿付；于是在 10 年终了时，他们那 100 万镑（虽然他们的法律把输出货币订为死罪）就将全部被运入英国。事实

上，我们货币中的绝大部分，就是由于这种贸易上的出超而从西班牙运入英国的。

让我们假设我们现在拥有这 100 万镑，并且每年对世界各处输出的消费品价值 100 万镑，而每年输入供我们自己消费的商品价值 110 万镑。如果这样一种贸易继续进行 10 年，显然我们那 100 万镑在 10 年终了时必然会从我国流往外国，其情形正和它们流入我国时完全一样，也是通过外国对我们的贸易出超。因为我们每年输入货物多于输出 10 万镑，而天下又没有肯每年白送我们 10 万镑的外国人，那么我们每年必然要流出 10 万镑来偿付我们的商品所不能偿付的差额。说汇票可以偿付我们的海外债务，那是荒谬可笑的；除非可以使那种纸片成为通用的货币，否则它们是不能偿付债务的。在海外没有人欠他款项的英国商人，不能指望在那里有人支付他的票据；即使他有足够的信用可以使某一往来商家偿付他的票据，这也不能偿付英国所欠的债务，而只不过是换一个债权人而已。如果由于贸易总差额，英国商人欠了外国人 10 万镑或 100 万镑，又不能输出商品来偿付这笔款项，那么就只有输出我们的货币来偿付它，否则我们就要丧失信用，而我们的贸易也要停顿和遭受损失。

一个国家之变富或变穷，正和一个农场主的情况相同，并非另有其他方式。让我们假设整个波特兰岛是一个农场，并假设这个农场的主人把全家自用以外的牲畜、小麦、牛油、乳酪、毛呢或布匹、铅和锡，总之他的波特兰农场内所出产、所制造的每年价值 1 000镑的商品，全都带到威茅斯和杜切斯特等等地方的市场上去卖，并且从那里买回价值 900 镑的盐、酒、油、香料、麻布或丝绸，并

带回下余的 100 镑货币。很明显，他每年将增富 100 镑，因而在 10 年终了时将净得 1 000 镑。如果这个农场主人是一个更勤俭持家的人，安于享用自己农场上所出产的货物，而只在市场上买很少的酒、香料和丝绸，因而每年带回家五百镑的话，那么他在 10 年终了时就不是多有 1 000 镑，而是多有 5 000 镑。他死了，他的儿子继承了产业，儿子是一个爱好时髦的青年绅士，没有香槟酒和伯根底红葡萄酒就不能用饭，没有锦缎被褥就不能睡觉，而他的妻子又是非绸缎裹身不可，他的孩子们则总是穿着最新式的法国材料和法国剪裁的衣服。这位青年绅士一继承了产业，家里就忙碌起来了，市场是每星期经常要去的；他的农场所出产的商品仍是像过去一样地拿出去卖，但是带回来的货物可不同往昔了；他和妻儿的时髦饮食、衣着、用具所需要的糖和香料、酒和水果、丝绸和花边，都比他父亲在日多了；于是他现在不是每年带回家 900 镑消费品，而是带回家 1 100 镑消费品。结果怎么样呢？不错，他过着豪华的生活，但是这必然要耗费他的父亲所积蓄的金钱；他的财产每年要减少 100 镑。除了这种入不敷出的情况以外，他的仆人们懒惰、放荡和倾轧不和也使他的生产事业受到不利影响，他的事业无人照管，于是整个家庭和农场都变得杂乱无章。这样就使他往下坡路走得更快；他的父亲靠勤劳、俭朴和经营有方而积攒起来的资金很快就会荡然一空，他很快也就会身陷囹圄。在这方面，一个农场和一个国家，除了有大小之别而外，是没有其他区别的。如果我们不节制我们的用费，我们尽管做买卖，尽管很忙碌，仍然会越来越穷；如果再加上懒惰、疏忽、欺诈、存心不良，并且妨害那些勤劳敬业的人的事业，不论我们使用什么借口，我们都将破产得更快。

所以不论这位作者或者任何别人可以怎么说，货币之所以能流入英国，只有依靠英国消费外国商品少于我们能够送到市场上去偿付这些商品的本国货物；并且我们欠外国人的债务也不能用汇票来还，除非我们输出和在国外销售的货物使我们得到货币，或是使海外有人对我们的商人欠有债务；因为除了货币或货币的价值以外，什么东西也不能偿债，而在纸片上写三四行字肯定是不能偿债的。如果这种票据有内在价值，并且能够代替货币，那我们为什么不把它们送到市场上去以便宜的价钱购买我们所需要的商品，却要用我们的呢绒、铅和锡去购买呢？一张汇票只能指示在外国应付的或借来的款项要付给谁；如果我们追溯原因，我们就会发现已经有的欠款，是由于从这里曾运去商品或货币；如果是借来的，那么不论这笔债务怎样屡次三番地从一个债权人转到另一个债权人之手，最后也必得用从这里运出的货币或货物来偿付，否则这里的商人只有宣布破产。



我们已经看到一个国家的财富和货币是如何获得、保持或丧失的。这就是说，一个国家所消费的外国商品要少于用本国商品或劳动所能偿付的数量。这是一般情况，但是一个国家如果从国内运出供应品去在海外维持庞大的军队和同盟者，那么它的富源就常常会更快、更明显地日渐减少。不过自从神圣的战争[①]，或者至少自从航运和贸易改善以来，英国很少发生这种情况；英国的国王们认识到靠海洋来扩大他们的权力并保证航运及贸易，要比在大陆上进行战争或征服更符合于英国的利益，所以多年来海外军

① 指十字军。——译者

事费用对我国的贫富没有什么影响。我们要考虑的第二件事，是货币如何对贸易是必要的。

我认为，贸易之所以需要一定比例的货币，是因为货币在其流通过程中推动着许多贸易的齿轮，当它用于这一方面时（我之所以这样说，是因为必然会有一些货币处于不流通的状态），它是由提供原料的土地的所有主、对原料进行加工的劳动者、把物资分配给那些需要物资的人的经纪人（也就是商人和店主）和那些消费物资的消费者所共有的。所有这些人都需要货币；它既能作筹码又能作保证物，也就是说它具有计算和保证的作用，所以那些得到它的人随时可以用它换取同等价值的他们所需要的其他东西。货币起计算作用是由于它的印记和面值，它起保证作用是由于它的内在价值，也就是它的数量。

因为黄金和白银耐久、稀少并且很难伪造，所以人们一致同意给它们以一种想象的价值，使它们成为共同的保证物；因此人们在交换时，用任何数量的这种金属，一定可以换得同等价值的其他东西。于是逐渐形成了一种局面：这些金属被认为具有内在价值，使它们成为共同的交换媒介，而这种内在价值，只不过是人们付出或收入的它们的数量；因为金银作为货币，并没有其他价值，只不过是可以作为使我们得到我们所想要的东西的保证，而只是由于它们的数量，它们才能使我们得到我们所想要的东西。所以很明显，在商业中使用的金银的内在价值，不是别的，只是它们的数量。

因此，贸易需要一定比例的货币，不在于它们的筹码作用（因为账目可以靠文件来保持和转移），而在于它们那种不能用文件来代替的保证作用。这是因为，我从某人那里接受的票据、债券或其他借据，由于别人不知道它是否真实，是否合法，也不知道那个对我出票据的人是不是诚实或负责，所以不一定会被别人当作保证物来接受，也就不能变成普遍接受的保证物；政府机关也很难把它们变成这种保证物（如票据转让那样），因为法律不能使票据得到人类一致同意给予货币的那种内在价值。因此，在任何支付中，我们也不能使外国人接受我们的票据或字据，虽然也许它们在我们本国人中间是被认为可以作为有价值的东西流通的；即使能在国内流通，它们也要受一些阻碍，就是说，它们容易引起不可避免的怀疑、争执和伪造，并且需要眼睛或试金石以外的其他东西来证明它们是真实和良好的保证物。所以使票据流通这一做法即使可行，也不能使我们免于贫困；我们倒可以认为它能够促使我们贫困，因为它使我们不感到贫困，而在遭到困境时，不提防贫困肯定是对我们更为不利的。然而，如果我们可以使票据转让的做法变得方便、安全和普遍为人接受，那么这样做当然要比让一部分贸易因为缺乏流通的保证物而不振好，也比用利息向邻国借钱好。



让我们回到本题，说明为什么一定比例的货币对于贸易是必要的。每一个人至少都必须有一定数量的现款，或能在短期内取用的款项，来偿付那些对他供应生活方面和贸易方面的必需品的债权人。如果一个人没有货币或信用（信用其实就是在很短时间内可以得到货币的保证），他就不能再得到那些必需品的供应。所以贸易的必需条件是要有足以保持地主、劳动者和经纪人的信用的货币；因此一定要有现款或在短期内可以得到的款项来经常地与货物和劳动相交换。

这说明一定比例的货币是贸易所必需的；但是到底要多大比

例，却难以确定，因为这不仅取决于货币的数量，也取决于它的流通的速度。同一个先令，有时也许在 20 天里起了支付 20 个人的作用，有时却一连 100 天存留在同一个人的手中。这使我们不能精确估计出贸易所需的货币的数量；但是为了做出“虽不中不远矣”的猜测，我们要考虑一下每个人必须经常保有的、为进行贸易所必需的货币是多少。

第一，劳动者通常是随挣钱随用掉的；所以作为进行贸易的劳动者，只要他们有足够的可以购买衣、食和工具的货币，就可以进行贸易了；而购买这些东西并不需要有很多的钱闲置在他们手里。劳动者通常是每星期拿工资一次（如果发工资的时间隔得更长一些，他们进行贸易所需的货币数目就要更大些），我们可以假定在劳动者中间（彼此之间，或是要对他们付工资的人们中间）永远有相当于一个星期的工资的现款。因为我们不可能设想所有的劳动者或大多数劳动者都在一接到工资以后立即把它们全部花光，然后再靠赊欠生活到下一个发工资日。如果每一个劳动者都这样做，即使他们都可靠，农场主和商人也很难负担得起。所以他们不得不在手头留一些钱，以便到市场去买食物，到和他们自己一样穷的其他商贩那里去买工具；也要积攒一些钱来买衣服或偿付他们赊买来的东西。我们认为这笔钱不能比一星期的工资少得很多；这笔钱必须保持在劳动者的口袋里，要不然就得放在农场主的手头。因为我们不能设想一个以每天 1 先令工资雇用一个劳动者，并且在每星期六夜间发工资给他的农场主总是在那个星期六当天才收到这 6 先令；一般说，这 6 先令一定要时常放在他手头，即使不是发工资前的整一个星期，也要早几天。

这是在若干商业途径中都有货币流通的一般情况。但是现在情况却大大不然，农场主没有钱付给劳动者，就要给他小麦，小麦很多，劳动者可以要求以自己定的价格来折算，否则就不收小麦作工资。至于那些在我们的工厂里，特别是在毛呢厂里工作的工人，当毛呢业者没有现钱对他们发工资时，就给予他们生活必需品，以商品来交换他们的劳动。不论这些商品好坏，工人只能按雇主所定的价格接受下来，否则他们就得静坐在那里挨饿。因此这种新型的独占者或垄断者由于从自己的货栈中给数目众多的工人供应食物和其他必需品（这些人现在有存着各种货物的仓库），就能给贫穷的土地持有者规定价格。这时市场被毁坏了，农场主不能再在那里为他的牛油、奶酪、醃肉和小麦等等找到出路（他过去总是能在市场上把这些东西换成现钱带回家的），只有按照独占者规定的时间和价格把这些东西卖给他们，让他们以低于真正市场价格的价格给予他们自己的按日计酬的零工作为工资。这将对土地发生什么影响，在这种情况下，农场主将如何在四季结算日[①]支付地租，这是不难想出的。难怪我们每天听到农场主破产逃亡的事情；因为如果他们不能在市场上以他们的货物换来货币，他们就不能对他们的地主支付地租。如果有人不相信，我请他去打听一下上一个米迦节[②]以来在西部已经有多少农场主破产倾家了。银根紧到这种程度，对土地所有者起双重作用。首先，垄断的独占者不让货币进入市场，而对自己所雇用的工人供应必需品，把自己规定的



① 英国当时习惯是每季结账一次，日期是：3月25日，6月24日，9月29日和12月25日。——译者

② 米迦节是纪念圣米迦的节日，为四季结算日之一，即9月29日。——译者

价格强加在没有其他买主的农场主身上；同时土地所有者所雇的从事农业的劳动者也对他们所接受的商品强行规定了价格，因为英国缺乏零工，人们只好敷衍他们，否则他们不替你工作，也不肯接受商品作为工资。

第二，至于地主，由于他的租地人不能正在四季结算日那一天才凑起他们应付的地租，而必须逐渐攒起这笔钱把它一直存到付款日；或者向那些有这笔钱或逐渐攒起这笔钱的人告借(两者实在是一件事)，因此也必须把相当多的钱闲置相当时间。因为所有成总支付的款项都必须从贸易中的零星收入中逐渐积攒起来，要不然也得成总地闲放在一边，而这会使同样多或更多的货币不能流通。除此以外，为了偿还把地租借给自己的债权人，他又必须在他出卖商品时逐渐攒钱，于是就造成货币的更大不流通和更大的缺少，因为在 3 月 25 日付给地主的借款必须被认为是在债权人手中存放若干时间以后才借给租地人的，而那笔在三个月以后偿还债权人的钱也得在租地人手中存放一些时间。地主通常也不是一接到地租就把它们全部花出去，而是随着需要逐渐花用他们的。全面考虑这些事以后，我们不能不认为在地主和租地人的手头必然经常存有土地年收入的 1/4。的确，考虑到英国大部分地租都是在圣母节和米迦节支付的，并且我的租地人在 3 月 25 日前后付给我作地租的货币，不能同时作为我的邻人的租地人付给他的地租(更不必说作为更远地方的地主的地租了)，我们似乎必须认为土地年收入的一半是要用来支付地租的。说有些租地人破了产，完全付不起地租，有些租地人一直要到四季结算日以后两个月、三个月、四个月、五个月、六个月……才支付地租，因而地租不是一次全

付的，这就等于说贸易中缺乏货币；因为如果租地人不能付地租，地主就一定不能偿还他的债权人，而这个债权人又不能偿还他的债权人，这样顺推下去，一直到有一个人破产，贸易因为缺少货币而衰落为止。但是，由于英国的土地有相当大一部分是由地主自耕的，他们既不在某一天付出，也不在某一天收入大笔款项，也由于(这是主要的原因)我们在这里考虑的不是某一个人或某一种人手里在某时存着多少货币，因为这些货币在其他时候也许会被分配到其他人手中，并且为贸易的其他部分服务，我们考虑的是每一个人一年到头平均算来要有多少货币，例如某人手头有 300 镑一个月，就可以等于手头有 100 镑三个月(余此类推)；我想我们不妨假定土地年收入的 1/4 要经常存留在地主或租地人的手中。

在这里，我们逐渐可以看到：支付地租的间隔如短于六个月，会对贸易、因而对每一个人更有好处，因为那样就将有较多的钱流通，而且用较少的钱就可以进行交易。假设我以每年 52 镑的地租租出一个农场，如果地租每半年一付，每一次就要支付 26 镑一笔整款(这是说准时支付的情况，要是不准时支付，那么有多少钱付不出来就是缺多少钱，贸易仍然要因此受到损失)。在这 26 镑之中，一定有很大一部分在从我的租地人的柜中送到我手上来以前要存放很久。要是每季一付，每次只要 13 镑就够了，闲放起来的钱就要少些，闲放的时间也要短些。要是每星期一付，每次只要 20 先令就可以付足每年 52 镑的地租，由此可以产生双重好处：一、用很少的货币就可以满足国家的贸易的需要了；二、闲放着的货币将较少。如果越来越多的债务都要以较长的间隔成总地偿付，那情形就必然与此相反。

第三，至于那些经纪人，因为他们也必须把从零售得来的钱搁置起来，以便到市场去买货或是在指定的日期（通常是六个月）偿还他们已经买到手的货物的价款，所以我们不能认为他们手头闲放的钱平均会少于他们的年收入的1/20。不论这些钱是他们自己的，还是欠别人的（他们所欠或者还不止此数），都没有关系，只要他们必须把这些钱经常放在手边，那么一般说来，他们的年收入中至少有1/20是被闲放起来的。的确，在某些大城市里，银行家随时可以收购票据，或者以其他方式以高利借出短期款项，这种地方的商人也许不像没有这种方便的其他地方的商人那样，必须存有很多现款；但是如果考虑到银行家手头一定得经常存放多少钱，你就会知道情况大体仍是一样。

除了这些款项以外，如果再加上各种乡村学究、妇女、赌徒和大人物们的仆役，以及一切不以地主、劳动者或经纪人身份对贸易有贡献的人们手头必须有的货币，我们很难不认为要想经营任何国家的贸易，至少得有劳动者工资的1/50、地主的年收入的1/4和经纪人的年收入的1/20的现钱。我们说特殊低的情况吧，至少也不能少于上述数字的一半，也就是说现钱如少于劳动者年工资的1%、地主年收入的1/8和经纪人年收入的1/40，就不能推动贸易的齿轮，使商业处于有生气和繁荣的状态。任何国家的现钱如果少于这种比例，那么，缺少得越多，它的贸易由于缺钱而受到的损害和阻碍就必然越大。

但是，不论这些估计是怎样错误，有一件事却十分明显，那就是经纪人人数的增加会妨害一个国家的贸易，因为这将使货币的流通路线加长，而在这种流通路线中将有更多的停顿，因此收益必然要更慢更少，从而有害于贸易。除此以外，经纪人太多也会侵蚀很大一份贸易的好处，使劳动者挨饿，使地主贫困，而这些人的利益是首先需要照顾的，这是这个国家中固定不变的重要的事情。是国内一种稳定不移的事项。

如果确是如此，那么无疑我们必须极力鼓励工匠，并且把情况尽可能安排得使那些商品制造者也能售卖他们自己的商品，并且尽可能使这些商品在国内不要通过许多道手就能到达最终买主的手里。就这方面讲，游手好闲的店主们比赌徒更坏，因为他们不但把国内很多的货币都保持在自己手中，而且还让公众付给他们保管费。当然，为了贸易的理由（以及其他的理由），赌博也是应该加以制止的。要知道，赌徒们为了赌钱，身旁必须留置大批款项，使它们陷于无用，因为虽然赌徒们的钱随着每扔一把骰子而转来转去，比任何一种钱换主人都更频繁，但是这种钱对于公众说是完全无用的，就像被用在衣食上一样，它们不能流入贸易之中。

在这里，我们也不妨谈一谈为什么制造业应该受到鼓励。这一部分贸易虽然数额极大，可是所需的货币却最少，特别是在需用工艺多而需用原料少的时候。由劳动者和工匠所进行的贸易，只需要他们的年收入的 1/52 就够了。但是与天然生长的商品有关的贸易，却需要更多的货币。

为了进行贸易，地主、劳动者和经纪人手头需要有多少货币，我都作了估计（有多大错误我不知道）。也许会有人奇怪：为什么我对前面提过的消费者一字不提。对于这点，我的答复是：没有几个消费者不是同时也是劳动者、经纪人或地主的，所以他们在这方面关系不大。那些直接依靠地主生活的人，如地主的儿女和仆人，既是靠地租维持生活，所以就算在地主名下了；其他的几类人也是这样。

根据上面谈到的这些事，我们可以看出降低利率将使我们受到多大的损失。因为当人们认为所得报酬与所担风险不相适应时，要么就是外国人把他们的货币调回国内，要么就是本国人不愿意借出款项，这都是有害于贸易的。

降低利率还有一个表面上的后果，乍一看来，这个后果好像很有些道理，所以我知道它曾骗过十分能干的人，而且我猜想它在现在对于促进降低利率的影响还是不小的。这就是降低利率将相应地提高其他一切东西的价值。货币是能用它购买的一切其他东西的砝码，它好像是和他所能买到的东西分放在商业天平的两边；你从货币的价值上拿走多少，就是在与之相交换的其他东西的价格上增加多少，这好像是一种当然之理。提高任何一个东西的价格只不过是增加它和货币对比的价值，或者是(这是一而二、二而一的)减低货币的价值。举例说，如果把黄金的价值降到和白银一样，那么 100 个几尼[①]所能买到的小麦、羊毛或土地，就会和 100 先令所能买到的一样多。所以，他们说，货币的价值降低，其他东西的价格就将提高；而把利息从每百镑 6 镑降到每百镑 4 镑，就是拿走这样多的货币的价格，因此就是减低货币的价值。

这种好像是言之成理的推理方式的错误很容易看出，只要我们考虑到，与货币所能买的任何一种东西相对而言的货币的价值的尺度，就是和那种东西的数量及其销路相比较的我们所有的现

① 几尼是金币，先令是银币，1 个几尼值 21 个先令。——译者

钱的数量，或者说（这基本是一样的）任何商品的价格，是随着买者和卖者的人数的比例而涨落的。对于一切可以买卖的东西，这个规律普遍适用，它时常会减弱某些特定人物的无节制的爱好，而这种无节制的爱好在贸易中有限得很，并不能使任何东西可以被认为是这一规律的例外。

任何东西的销路都决定于它们必要性或有用性，而这种必要性或有用性是为人们的爱好或风尚所决定的。

任何一种商品的销路，是随着国内各个人在同时准备花费多少流通现金来买它（而不买其他商品）的情况而增减的。我们从风尚的改变中可以看出这一点。

我将首先谈一谈生活的必需品或享用品，以及其他有用的消费品，并说明货币的相对于这些东西而言的价值，只是取决于货币的多寡与这些东西的多寡的比例，而不是取决于缺钱情况、法律或合同在当时所规定的利率的大小；然后我再说明对于土地来说，情况也是如此。



从日常生活经验来看，最确实不过的事情是，人们对绝对必需的东西，肯于花任何数量的货币来换取它而不愿没有它。这些东西的价格，只是由它们的多寡决定的。例如，假设半盎司白银或者半个克朗[①]在英国现在可买1蒲式耳小麦，但是如果明年英国小麦特别缺少，并且其他一切粮食也都相应地缺少，也许五盎司白银才能买到1蒲式耳小麦，所以那时货币对食物来说就只值过去的1/10，虽然对其他数量和消费量都维持过去比例的东西来说，货币

① 1个克朗等于5个先令。——译者

的价值仍与过去相等。

至于其他或多或少是享用品的东西，其相对于货币而言的价值，也是按相同的增加和减少的比例而涨落的；唯一的区别是，生活绝对必需的东西无论价钱多大，人们都必须购买它，而享用品则只有当人们认为它比其他享用品更可爱时，人们才购买它。所以，任何这种商品的价值，只是在它的数量较少、消费量（这取决于人们爱好它过于其他东西的程度）较大的时候才会增加。假设在小麦和其他谷物非常缺乏的同时却有很多的燕麦，无疑人们将对小麦付出远高于燕麦的价格，因为小麦是比燕麦更有益健康、更好吃和更合宜的食物。但是由于燕麦也能充当维持生命的绝对必需品，所以当那较便宜的燕麦虽有缺点但也能满足需要的时候，人们就不会把自己的钱全用去买小麦吃，从而剥夺了自己享受人生一切其他享用品的机会。那时也许会发生这样的事：去年可以买 1 蒲式耳小麦的半盎司白银，今年只能买 1/10 蒲式耳小麦；去年可以买 3 蒲式耳燕麦的半盎司白银，今年仍能买 1 蒲式耳燕麦；同时去年能买 15 磅铅的半盎司白银，今年仍然能买同样数量的铅。所以在同一时期，白银对小麦说，就只值它过去价值的 1/10；对燕麦说，值它过去价值的 1/3；而对铅说，则和过去价值仍然相等。

所以利息的降低或提高，既不能直接使英国的土地、货币或者任何商品比过去增加或减少，也就完全没有改变货币相对于商品而言的价值。因为这种价值的尺度只是数量和销路，而它们是不会因利息的改变而立即改变的。只有在利息的改变在贸易中影响了货币或商品的进口或出口，从而使它们在英国的比例与过去不同时，利息的改变才和能够促进或阻碍贸易的其他一切事物一样，可能改变货币相对于商品而言的价值。但是这不是我们在这里讨论的问题。

货币相对于消费品而言的价值就是这样。但是为了更好地全面了解它相对于消费品和土地而言的价值,我们必须考虑下面的问题。第一,土地的价值在于它能经常生产可销售的商品,从而每年带来一定收入。第二,商品的价值在于他们作为可携带和有用的东西,可以通过消费或交换而提供生活的必需品或享用品。第三,货币有与上述二者相当的双重价值。首先,它可以通过它的利息而对我们提供一种年收入,在这一方面,它具有土地的性质(土地的收入称为地租,而货币的收入称为利息)。两者之间的区别只是:土地由于土质不同(有的肥沃,有的贫瘠),它的产品在种类、品质和销路方面也大不相同,因此不能根据数量来作任何固定的估价;但是货币总是一样的,它的利息在全国中都提供同样的产物,所以它能由法官给规定一个固定的年率,而土地则不能。但是,虽然因货币的法定价值一致,100 镑合法的货币在整个英国的流通价值都等于任何其他 100 镑合法的货币(因为根据法律,100 镑货币在任何地方都和任何其他 100 镑货币代表相同的商品或债务),因而我们对货币的年租金比对土地的年租金可以作更精确的估价;可是由于人们对货币的需要常常改变(这随着一个国家的货币或贸易的增减而变化),要想用法律来规定货币的年租金,那和要用法律规定地租一样是没有可能的。如果鲁姆尼草地的全部土地每一亩都是同样好,那就是说,经常产生同样数量的、同样好的干草或草,那么,由于每一亩的价值都相等,它的地租就可以由法律来规定,而且人们也可以以法律规定每一亩鲁姆尼草地的年地租

不得超过40先令，就和以法律规定每100镑货币的年利息不得超过4镑一样。可是没有人会认为由于土地价值相同就应该用法律规定鲁姆尼草地的地租。因为即使鲁姆尼草地或者英国全部土地都具有一样的价值，任何一亩在同一时间与任何其他一亩相比起来都是同样好(就其产品而论)，然而同一亩地在和不同时期的它自身相比时，却不会是价值相等的(就其地租而论)。在亨利七世时，鲁姆尼草地的地租曾由法律根据当时估定的土地的价值规定每亩不超过5先令，如果这一法律一直继续不变，那将是不合情理的事情。这种事的荒谬和行不通，是一眼就可以看出的；人们会很快作出结论说：必得让这类东西自己来决定它们自己的价格，并且这种价格经常改变，人类的预见是不可能为它们的经常改变的比例和用途(这两者将永远决定它们的价值)定出规则和范围的。

那些不仅只考虑东西的名字的人们，将会发现货币和其他一切商品一样，也容易发生这种变化。的确，在事务的发展中，货币的价值是因时间而易的；从这一方面说，要在任何国家里用法律来规定货币的利率，那要比用法律规定土地的地租更不可能。这是因为，除了在贸易中所发生的迅速变化以外，货币还可以从国内输出或从国外输入，而土地则不能。所以今年可以得到6%或8%的货币，去年也许只能产生4%的利息。

其次，货币通过交换，可以使我们得到生活的必需品或享用品，所以它有一种价值。在这一方面，它具有商品的性质，只是有一个区别，就是我们一般只是用货币来和别的东西相交换，而不是直接消费它。但是，虽然货币对我们的用途不在于它能被我们消费，然而在它和任何其他东西交换时，它的价值和任何其他商品一样,也不是稳定不变的。不过货币的价值更容易为人所了解,更容易根据名称、数目和重量来决定,这就使我们可以计算一件商品对另一种商品的销路或缺乏情况的比例。还和以前一样,假定半盎司白银去年可以换1蒲式耳小麦或15磅铅,如果今年小麦数量只是它的需要量的1/10,而铅的这两者的比例仍然不变,那么,半盎司白银将仍能交换15磅铅,虽然它只能交换1/10蒲式耳的小麦,这一点不是很明显吗?那些要用铅的人为换得15磅铅将肯出1/10蒲式耳小麦,而不肯多出,并且他也愿意用这些小麦来换半盎司白银。所以如果你说现在的货币只值去年的1/10,那么你对铅和一切其他与货币保持和过去相同比例的东西也必须这样说。的确,我们首先注意的是货币的变动,因为货币是人们用以计算的普遍尺度,人人都用它来衡量一切东西的价值。由于半盎司白银被称为半克朗,所以当人们说半克朗或2先令6便士现在可以买1/10蒲式耳小麦的时候,这种说法很正确,并且容易被人了解;但是人们不说15磅铅现在可以买1/10蒲式耳的小麦,因为通常不用铅来进行这种计算;并且虽然对小麦来说,铅是和白银一样地只值过去的1/10,然而人们不说铅比过去值得少。只有根据先令的数目,我们才能判断它的所值。因为先令是衡量的尺度;由于经常被使用,它的意义在每一个英国人心目中已经确定了。

我认为,当货币在买卖中从这个人转到那个人的手上时,这就是它的真正价值。它和任何其他商品一样,价值也会有高有低。你用等量的货币去换取其他商品时,所得的其他商品的数量就有时多有时少。一个带了1蒲式耳小麦到市场去的农场主,和一个带了半克朗到市场去的劳动者,将会发现他们两人的钱和小麦所能买到的皮革或食盐的数量有时多有时少，至于是多是少，那要看它们之间相对的丰缺情况而定。所以在拿铸成货币的白银和任何其他商品交换（这就是买卖）的时候，这一尺度就决定你会换到的数量，就好像你拿铅或小麦或任何其他商品去交换一样。用货币和别的商品交换，叫做买卖；用商品和别的商品交换，叫做物物交换。决定价格的只不过是这些东西的数量对其销路的比例。所以，如果降低利息不能使你的银币更多，也不能使你的小麦或其他商品更少，那么减低利息就不会发生使白银交换较少的小麦或任何其他商品的任何影响，正像它不能使铅交换较少的小麦或任何其他商品一样。

因此，在买卖中货币和其他商品居于完全相同的地位，并且服从完全相同的价值法则。现在让我们看一看货币如何由于产生一定的年收入（我们称之为利息）而具有与土地相同的性质。土地天然地能产生出一些对人类有益的新东西，而货币是一种不生不长、不能产生任何东西的物品。但是它却能通过契约把一个人的劳动的报酬转移到另一个人的口袋中去。造成这种情况的原因是货币的分配不均等；分配不均等对土地的影响和对货币的影响是一样的。如果我手中的货币多于我能或愿意用来进行买卖的货币，我就能把它借出去；如果另外一个人需要在贸易中使用更多的货币，他就愿意借钱。但是，他为什么要支付利息呢？其理由和租地人为租用你的土地而付给你地租是一样的。正如土地分配不均（你所有的土地比你能够或愿意耕种的多，而别人不够用）使别人租用你的土地一样，货币分配不均（我所有的货币比我能够或愿意使用的多，而别人不够用）使别人借用我的货币。因此，我的货币在贸易中由于借款人的勤劳，可以为他产生出6%以上的收益，正像你的土地由于租地人的劳动可以产生出大于他所付地租的成果一样。所以货币正和土地一样，应该得到一种年租金作为报酬。虽然如果放利者不把钱借出去（假定他自己也不使用它），它就不能给他带来任何年利润，因此他所得的6%看来好像是另一个人的劳动的成果，然而他所分享的另一个人的劳动的利润却不像把自己土地租给一个租地人的人分享得那样多。地主的土地如果没有租地人的勤劳（和前者一样，假定地主自己也不经营它），也不会给他产生利润，可是他从他的租地人的劳动成果中所收取的地租比6%的利息还要大。一般说来，以6%的利率借到1 000镑，因而每年付60镑利息的人，在一年中靠自己的勤劳所得到的利息以外的利润，比租到一个每年地租60镑的农场的人除去付地租以外所得到的利润，常常要多一倍以上，虽然后者的劳动更为勤苦。



所以很明显，善于交易但是没有足够的金钱来施展所长的人，不但有理由借钱来进行贸易以谋生活，而且有理由为这笔钱支付利息；这和那些善于耕种但是没有土地可以施展技术的人不但有理由租地，而且有理由为了使用土地而付出租金，是一样的。因此，由于事务的必需和人类社会的性质，不但用利息借钱对某些人是不可避免的，而且从贷款上收取利润，也和从土地上收取地租同样是公正而合法的，并且，尽管某些过于拘谨的人有其他看法，借款人担负利息要比租地人担负地租更容易些。

既然如此，人们就会认为利率应该是土地的价值的尺度，凭它来决定卖地时地价应相当于多少年的土地年收益。每年100镑等于每年100镑，永远都是如此。而每年100镑，当利率为10%时，是 1 000 镑的利息；当利率为 8％时，是 1 250 镑的利息；当利率为 6％时，是 1 666 镑的利息；当利率为 5％时，是 2 000 镑的利息；当利率为 4％时是 2 500 镑的利息。我认为人们将会得出一个结论，就是土地应该根据下列比率而按照利息定售价。即：

$$\text{当货币利率为百分之}\left\{\begin{matrix}10\\8\\6\\5\\4\end{matrix}\right\}\text{时，土地的售价应为}\left\{\begin{matrix}10\\12\frac{1}{2}\\16\frac{2}{3}\\20\\25\end{matrix}\right\}\text{年的年收益。}$$

但是，经验告诉我们，在伊丽莎白女王或詹姆斯一世时代，当利率是 10％时，土地并没有按相当于 10 年年利益的价格来出卖，当利率是 8％时，也没有按相当于 12 年半年收益的价格，或按这种高利息所要求的(如果利率决定地价的说法属实的话)差不多这样低的价格来出卖；而且现在土地也没有由于许多有钱的人将在得到良好抵押品时按百分之四的利息贷出款项，就提供相当于 25 年年收益的价格。因此实际上这个规律在英国是不适用的；可是如果我们去观察荷兰，那就会发现当那里的利率降低时，土地的价格就会上涨。所以毫无疑问的事实是，法定利率永远不能调节地价，因为地价显然从来没有和利率成比例地变化，在过去几次以法律来改变利率时都是如此；现在虽然根据法律整个英国的利率都是相同的，可是各处的地价并不相同，有些地方的地价经常比其他地方的地价多出四五年的土地收益。你或我能否说明它的原因，和我们所讨论的问题无关，但是它确是如此，这就足可以反驳那些

要用有关货币利率的法律来提高或调节地价的人们的说法了。

然而，对于地价为什么不能由货币利率来决定(乍一看似乎应该这样)的原因，我将说出我的一些猜测。它不被法定利率所决定的理由十分明显，因为货币利率不遵守法律的规定，只服从市场的价格；人们不遵守法定和强制的货币利率，只按照自然和现行的货币利率来调整自己的事务。但是为什么土地的价格不服从现行的货币利率呢？这个问题需要进一步研究。

一切可以买卖的东西的价格的涨落，都要看是买者多还是卖者多。如果卖者多而买者少，不论你使用什么技巧，要卖的东西都必然很贱。另一方面，把情况倒过来，假使有许多买者而只有几个卖者，那么同样的东西就立刻会贵起来。这个规律对土地以及其他一切商品都适用。英国某些地方土地价格相当于十七八年的年收益，而在另一些有有利可图的制造业的地方，地价则相当于二十二三年的年收益，其原因就在于此。在这些有有利可图的制造业的地方，人们由于勤劳而发财致富，都愿意给儿女留下地产，因为土地是最可靠和最有持久性的生活来源，不像金钱那样在不做生意或不能干的人们的手中容易受到损失；所以这里打算买地的人总是很多，可是卖地的人却寥寥无几；因为这一带的土地都已经属于勤劳和富裕的人们所有，他们是不需要也不愿意卖地的。在这种制造业地区，一个人的财富并不是由于另外一个人的滥用和浪费而得到的(这和人们是靠土地的收成过着懒惰生活的地方不同)，人们的勤劳从远方带来了财富的增加，无须使邻人贫困就从远方赚到许多钱。当那些富裕的商人所得到的钱超过他们所能在贸易中适当使用的数目以后，他们的第二个念头就是要找土地来

买；但是他们要买的地一定要在附近，使田产就在自己眼前和方便的距离之内，以便在照管和享用时不必离开自己企业的事务，也不至于使儿女们离开自己或自己用以养育他们的行业太远。那些有繁荣制造业的地方的土地卖得比其他地方（如北方的哈里伐克斯或西方的陶恩顿和埃克塞特）的土地更快，卖价所折合的土地年收益数也更多，其原因似乎就在于此。

由此可见，使土地和其他东西价格昂贵的原因就是买者多而卖者少；反过来说，卖者多买者少就会使土地价廉。

凡是要正确估计一件东西的价值的人，都必须考虑它的数量对销路的比例，因为只有这种比例才能决定价格。当某种商品的数量和它的销路相比减少时，它的价值与其自身或与一种固定的尺度相比都会提高；当用它来和任何一种其他商品相比或相交换的时候，在计算它们的价值时也一定要考虑后者的数量和销路。但是由于人们获得货币的愿望差不多在一切地方都总是相同的，它的销路变化很少；可是它的数量越少，它的价格就越高，人们对它的争夺就越猛烈（因为没有任何别的东西可以很容易地代替它），所以减少货币的数量，总会提高它的价格，并使同数量的货币可以换得更多的别的东西。于是就发生了这种情况：在一盎司白银和任何一种其他商品的价值之间，是没有任何固定比例的；因为，或是货币在这个国内的数量有了改变，或是商品的数量和销路之比有了改变，它们各自的价值就要改变，也就是说，较少的某种东西将换得较多的另一种东西，虽然在日常谈话中，人们只说商品的价格改变了，而不说货币的价格改变了。例如，半盎司白银在英国有时候可换 1 蒲式耳小麦，有时候换半蒲式耳，有时候只换 1/4

蒲式耳；而且不论白银是能够每年给它的主人带来6%的利息还是根本不能带来利息，它都能买到这些东西。假定国内的货币数量不变，造成小麦价格改变的只能是小麦的数量和销路之比的改变；要不然，假定小麦的数量相对于其销路而言没有改变，那么，造成小麦价格改变的只能是国内货币数量的改变。如果你改变任何一面的数量或销路，你就立刻改变了价格；可是世界上任何其他方法都改变不了价格。

任何商品的价格的提高或降低，不是由于它的任何优良性质的存在、增加、提高或减少，而仅仅是由于它的数量和销路之比改变了。我们只要用两三个例就可以说明这一点。

1. 任何东西中任何优良及有用的性质的存在，并不提高它的价格，甚至不能使它获得任何价格；而只有在它减少自己的数量或者增加自己的销路时（这两者的增减都是指彼此之间的比例），它的价格才能提高。还有什么东西比水和空气对人类的生存或福利更有用或更必需呢？然而它们通常没有任何价格，也不能换来任何货币，因为它们的数量在世界上大多数地方都远多于对它们的需求。但是一旦水的数量减少到和它的消费量成某种比例时，它就立即开始有了价格，有时甚至比葡萄酒还贵（空气在一切地方都是取之不尽，用之不竭的，所以它没有任何价格）。因此那最好和最有用的东西通常都是最便宜的，虽然它们的消费量很大，然而上天的恩惠使它们的产量也很大，能和消费量相适合。

2. 对任何商品增加一个优良性质，也不能增加它的价格，除非这能使它的消费量增加。假设人们学会一种方法，能用小麦做成一种百试百验的治疗结石病的良药（这种方法应该发表让一切人知道),那么这种发现肯定使小麦得到了一种很大的优点,然而这一优点不能使20蒲式耳小麦的价格增加一分一厘,因为小麦的数量或销路,并没有因此而有任何可以感觉得到的改变。

3. 提高任何东西的任何优良性质,也不能使它获得较高价格。因为虽然今年的锅菜比去年的锅菜好,然而它并不会多值一文钱,除非它的数量比去年少,或者它的消费量比去年大。

4. 任何一种商品的优良性质的降低也不减低它的价格,这由忽布花的例子可以显然看出。忽布花通常都是在质量最坏的年头最贵。但是如果一种商品的缺少可以由某种其他商品来补足时,那么它的质量变坏就确实能使它的价格降低,因为质量变坏能减少它的销路。比如某年的黑麦被证明为大多数是有黑穗病的或发芽的,那么无疑这种黑麦就比不如此的黑麦要少卖钱,因为它的不足可以在某些程度上由小麦或其他谷物所弥补。但是,如果一种商品的用途是不能用其他已知的东西来代替的,那么,调节和决定它的价值的只是它的数量和销路,而不是它的质量的较好或较坏。

我们现在可以把这个道理应用到能够有不同利率的货币上面。货币在其正当用途中被认为是交换中从这人转给另一人的一种商品,利息所起的作用,不过是协议或政府机关给它增加上一种它天生来没有的每年增加6%的性能。如果政府机关把利率降低到4%,这肯定把货币里面的这一良好性质减少了1/3。然而这并不会使英国的货币有丝毫的增加,它不能改变一切可以交换的商品据以提高或降低其价格的尺度,所以改变货币的利率并不会使货币所能换到的任何商品比不改变时更少。如果把利率降到百分之四,竟能改变货币的数量,使它比以前少,那就会使它更贵(因为它具有商品的性质)，也就是说，较少的货币将比以前换得更多的他种商品。下列各点也许会使这种道理更清楚一些：

1. 任何物品的内在自然所值，在于它能够满足人类生活的需要或能有益于人类生活的享用，它越对我们的生存有必要性，或它越有益于我们的福利，它的所值就越大，然而

2. 任何物品并没有可以使它的某一指定数量经常能值其他物品的某一指定数量的内在的、自然的固定价值。

3. 任何指定数量的两种或两种以上商品，当它们可以彼此交换时，其市场价值(在当时和当地)都是相等的。假设1蒲式耳小麦、2蒲式耳大麦、30磅铅和1盎司白银现在都能在市场上彼此交换，那么它们就是等值的；英国人都按照我们的铸币来计算价值，所以英国人就会说现在1蒲式耳小麦、2蒲式耳大麦、30磅铅和1盎司白银全都同样值5先令。

4. 任何商品相对于另一种商品，或相对于一种固定的通常尺度的这种市场价值的改变，并不是这个商品的任何内在价值或质量有所改变(放霉的和有黑穗病的小麦在某一个时候的卖价，可以比另一个时候的洁净无疵小麦的卖价贵)；而只是这一商品与其他商品之间的某种比例改变了。

5. 一切商品(货币也是其中之一)的这一比例，就是它们的数量与销路的比例。销路不是什么别的东西，只是商品从这一所有者通过交换转给另一所有者而已。当任何一种商品在相同时间内有更大数量从它的所有者那里被拿走时，我们就说它销路较快。

6. 当我们让多一些或少一些可销售商品退出贸易途径，与公共商业分离，并且不再处于交换的范围之内时，我们就调节了这种

销路(也就是使它更快些或更慢些)。因为虽然任何商品都可以非常快地从这一人手中转到另一个手中,然而只要它们并没有因此而脱离贸易和买卖,也没有停止流通,那么这就完全不能造成或加速它们的销路。不过这种事情是很少或从不发生的,它不会引起什么变化。

7. 有三种方式可以把商品带出市场或商业,从而改变它们的销路。这三种方式是:(1)消费;如果商品在使用时被毁掉,如肉、饮料和衣服等等,这样消费掉的东西就完全脱离了世界的贸易。(2)输出;一切被运走的商品都离开了英国的贸易,对于英国人来说,就好像它们离开了这个世界一样,与国内自用的商品的价格再没有什么关系了。(3)被买去并且被囤积起来以供私人使用。凡是由于这些方式中任何一种而离开市场、不再能由商业加以移动的东西,便不再是可以买卖的商品,对贸易和任何商品的数量来说,它就如同已不再存在一样,不必加以考虑了。所有这三种方式最后都归结为把商品消费掉(只有珠宝和金银器以及很少一些其他很不容易被用坏的东西是例外),所以都可以很适当地归于消费一类。垄断也对现在的销路有一些影响,但这只是暂时把相当大的一部分某种商品隔离在自由公共市场以外(因为如果垄断全部这种商品,而这种商品又是人们普遍使用的,那么它的价格就将由垄断者任意决定),以后还要把它放回市场出售,所以这种垄断所造成的销路的变化,通常不像其他方式所造成的那样普遍和容易感觉到;然而,这种商品被垄断的越多,或者被囤积的时间越长,价格和销路所受的影响就越大。

8. 大多数其他可携带的商品(珠宝、金银器等等除外)在使用

中都会很快地消失，但是货币和大部分其他商品相比不那么容易耗损，也不容易增加(这就是说它离开或者被带入任何国家的自由贸易的速度较慢)，所以货币的数量及其销路之间的比例，比大多数其他商品的这种比例改变得要慢些。因此人们一般把它看成是一个固定的尺度，用来判断一切东西的价值，由于铸币具有固定的重量和名目，它就更适宜于作为固定的尺度。

9. 当同一数量的货币在国内贸易中流通时，它确实是衡量其他各种商品相互之间价值的涨落的固定尺度；改变价格的实际上只是这些商品。但是，如果你增加或减少某一地方贸易中流通的货币数量，那么价值的改变就是由于货币。如果这时小麦的销路对数量的比例不变，那么真正说来，尽管小麦的售价比以前大，或比以前小，改变价值的是货币，而不是小麦。不过由于人们把货币看成是其他商品的固定尺度，所以虽然在它的数量变动时它就显然不是固定的尺度，然而人们仍然把它说成是一种固定尺度。

10. 但是一切商品(在贸易中流通的货币也的确是商品之一)的价值或价格就在于这种比例，不论你增加这一项或减少那一项，你都能改变这一比例，这和其他一切比例是一样的。

11. 当一切其他商品的所有者预备用它们进行交易时，他们都极力想给商品找到销路，也就是说，希望通过消费、输出或储藏而使商品脱离商业的范围。但是货币则不然，它从来不会压在人们的手中或者缺乏销路(因为任何人随时都可以用它交换别的东西)，公众和私人所关心的倒是如何使它不被销出或被消费掉，也就是说不要被输出(这本是它的正当消费方式)，也不要被别人囤积起来(这是一种独占)。因此别的商品有时有较快的销路、有时有较慢的销路,因为没有一个人不是根据自己对商品的需用量而用货币去买商品,而需用量是有限度的。但是每一个人随时都可以没有限度地接受货币并且保留起来,因为它可以换取一切物品。由此可见,货币的销路永远是很大的,或者永远是非常大的。既是这样,仅是它的数量就足以决定和调节它的价值,而不必像其他商品那样考虑它的数量和销路的比例。

12. 所以,减少利息并不能使一个国家的贸易或交换中多增加一个便士的货币,而只能把它从贸易中拿走,从而使它减少。减少利息根本不能降低货币的价值,使它买到较少的其他商品,而倒是使它买到较多的商品。

13. 提高货币的自然利息的因素和提高地租的因素是一样的,就是说,它要能够每年为使用它的人带来更多的所付租金以外的剩余收入,来作为他的劳动的报酬。在土地上造成这一情况的,是土地产品的数量加多,而其销路不变,或其数量不变而销路加多。但是那使借钱者利润增加的因素,是货币数量与贸易相比即与一切商品的总销路相比减少了,或后者与前者相比增加了。



14. 由于货币能够通过利息产生出这种年收入,它的自然价值就取决于和全国贸易总量(即一切商品的总销路)成比例的全国当时流通的货币总量。但是在和任何一种商品交换时,货币的自然价值是与这一商品及其销路成比例的国内贸易货币中用于购买这一商品的数量。因为虽然某一个人的需要或需求(不论是对货币或任何一种商品的需要或需求),可以使他为得到货币(或那一他所需的商品)而付较高代价,但这只不过是一个特殊事例,它并不能改变这一固定的和普遍的规律。

15. 假设把小麦作为一个固定尺度，就是说和其销路成比例的小麦数量经常不变，我们将发现货币也和其他一切商品一样，其价值可以发生同样的各种改变。英国的小麦的确是最近于一个固定的尺度，这要把亨利七世时代的和现在的小麦与其他商品、货币和土地年收入对比一下，就可明显地看出了。假使在亨利七世的第一年时，某人对某甲以每年每英亩 6 便士地租租出 100 英亩土地，对某乙以每年每英亩 1 蒲式耳小麦地租（那时 1 蒲式耳小麦大概卖 6 便士左右）租出 100 英亩土壤和年价值都和上一片土地相同的土地，那么地租就是相同的。所以，如果这些租约是对未来年代有效的，那么过去每英亩只出 6 便士的人，现在要付年租金 50 先令，而那个每英亩付 1 蒲式耳小麦的人现在将付年租金 25 镑左右；后一数字接近于土地的年价值，如果这片土地现在出租的话。其所以如此，是今天世界上的白银是那时的 10 倍（西印度群岛的发现使白银丰富了），所以白银现在只值那时的 1/10；这就是说，白银现在和产量对销路之比与 200 年前相同的任何商品交换时，都只能交换当年数量的 1/10；而在一切商品中，不改变这种比例的以小麦的可能性为最大，因为在英国和在世界上这一部分地方，小麦是最普通的经常食物，不随风尚而改变；它不是由于偶然而生长出来的，而是取决于农民播种的多少，而农民又精打细算，在扣除上年的剩余以备来年之用以后，要使产量尽可能与消费量相适应，或使消费量与产量相适应。尽管某一年年成好坏可能使小麦的产量与上一年或下一年大不相同，可是如果把 7 年或 20 年合在一起看，它的产量是比任何其他东西都更能与其消费量相适应的（人们研究和确定小麦消费量比研究任何商品的消费量都更为精细)。所以世界这一部分的小麦(或任何其他国家的主食谷物)是在较长时间内衡量商品价值改变的最适当尺度。因此,我国的小麦,土耳其的大米等等是计算地租的最适当的物品(如果要使地租在将来永远不变的话)。但是,货币是衡量几年中商品价值改变的最好的尺度,因为它的销路不变,而且数量改变得也很慢。小麦或任何其他谷物是不能代替货币的,因为它的体积很大,而且数量改变太快。如果别人写给我一张债券,答应明年付给我 100 蒲式耳小麦,这也许会使我损失 1/4 或赚 1/4;这种不均衡和不稳定的程度太大,使人不敢在贸易中如此冒险。除此以外,在同一年中各批的小麦的好坏也不相同。

16. 假设某一个岛与世界其他地区的贸易隔绝,所用的货币是金银或任何其他能持久的东西,只有一定的数量,而且不能再增加,那么在这个岛上,这种货币就会是一切其他商品价值的稳定不变的尺度。

17. 如果在某一国家中,人们使用有持久性的物质作货币,并且这种物质再不能从其他地方得到,因而不可能再增加,或者由于它没有其他用途,世界其他地方都不重视它,因而也不可能减少,那么,这种货币也将是其他商品价值的稳定不变的尺度。

18. 在一个有这种固定尺度的国家里,任何数量的这种货币(只要它多到可使人人都有一些)可以经营任何数量的贸易,无论是多是少,因为在那里有足够的可以结算的筹码,而且这种担保品的价值也是足够的(因为它经常随商品的增加而增加)。但是,上面这三种事例都是假想的,自从海运和贸易使世界各地彼此交往、并且使各贸易地区都采用金银币以后,在人类的实践中已不可能找到这样的事例了。这些例子只不过是使我们对货币的性质有一些认识，并不是告诉我们有一种新的贸易尺度。但是有一件事情是肯定的，就是世界上出产我们所用的金银的主要地区，极少用它们来进行交易，并且完全不用它们来作货币。

19. 所以在与世界其他地方有贸易关系的国家里，现在几乎不可能不使用银币了。既然有了这种货币，又使用它来记账，就不可能有衡量商品价值的固定不变的尺度，因为银矿出产的白银比在使用中浪费掉或消费掉的多，白银的数量(与其他商品相比)会与日俱增，而它的价值也日益降低。

20. 在与世界其他地方进行自由贸易、并使用与邻国相同的物质作货币的国家里，并非任何数量的这种货币都可以经营任何数量的贸易，而是在它们的货币和贸易之间必须有一定的比例。其所以如此，是因为要使你的贸易不致受损失，你的商品就必须保持和邻国同类商品相等的或至少相近的价格。如果你的货币远少于其他国家，这一点是做不到的。因为在这种情况下，要不是你的商品必须廉价卖出，就是你的贸易必须大部停顿。这是因为别的国家里货币多因而其价值低，使商品的价格很高，而你的国内却没有足够的货币来支付这种高价。一般说来，货币的价值就是和全部贸易成比例的世界上全部货币的数量，而任何一个国家中货币的价值是和现有贸易成比例的那一国内流通货币的现有数量。假定现在英国所有的货币只是7年前的一半，而商品的年产量，生产商品的人手和分配商品的经纪人都和以前一样多，并且和我们贸易的世界其他地区所有的货币也和它们过去所有的一样多(因为我们的货币只剩一半，那一半被它们分有，所以它们实际上很可能比以前更多),那么,肯定或者是我们的一半地租不能付出,一半商品销不掉,一半劳动者无从就业,因而一半贸易全然丧失;或者是国内每一个人的商品和劳动所能换得的货币只等于以前的一半,只等于我们邻国的相同劳动和相同自然产品现在所能换得的一半。虽然这样一种贫困状态并不致在国内引起本国商品缺乏的现象,然而却有下列一些不良后果:

(1) 它将使本国商品售价非常便宜。

(2) 它将使一切外国商品非常昂贵。这两件事都会使我们贫穷。因为商人总是以金银为他的计算尺度,总是考虑他在货币较多因而较贱的国家中购买外国商品要花多少钱(也就是要花多少盎司白银),并考虑这种商品在别一国家能够卖得多少盎司白银,除非同一数量的白银在我国所能买到的我国商品比在其他地方多得多,否则他就不会在我国出售他的商品。所以在我们以本国商品和外国商品进行交换时,我们所付出的价值总会比货币较多的其他国家所付出的多上一倍。这的确会使外国商品昂贵,并且早晚会使外国商品稀少。如果这些商品不是绝对必需品,这种局面带给我们的害处还不是最严重的。但是,

(3) 它有吸走我们的人的危险;不论是手工业者、海员和军人,他们往往要到工资和饷银最高的地方去,而这种地方必然总是货币最多的地方。这在战时必然要给我国带来巨大苦难。

21. 各国间汇兑率的变化也在一定程度上取决于这一尺度;因为虽然就白银的内在价值说,或就整个世界贸易来说,这一盎司白银的价值永远和另一盎司白银相等,然而一盎司白银却可以同时在世界几个地区具有不同的价值,而且是在那些货币与贸易相

比数量最小的国家里它的价值最大，所以人们可能在一个地方拿出 20 盎司白银，而在另一个地方收到 18 或 19 盎司白银。情况还不止于此，在这方面，要找出汇兑率改变的原因，还必须考虑到贸易差额。这两种因素共同调节全世界商业内的汇兑率。在这两种情况下，较高的汇兑率都依靠同一的东西——就是一个国家的货币比另一个国家多；两者之间只有一点区别：在贸易差额把汇兑率提到平价以上的情况下，那是私商在一个国家里有很多钱，他们希望把这些钱移到另一个国家去；但是在国家的财富把汇兑率提到平价以上的情况下，那是在整个国家里人人都有较多的钱。在前一情况下，商人在某外国所有的钱(或者债务，这本是一而二、二而一的)比他在那里的贸易所能使用的数量多，所以愿意在国外汇兑上减收 1%、2%、3%……以便在国内取得现款，究竟减收多少，要看他或他的同国人在国外现款的多少，把钱留在那里有无危险，把硬币带回国内的困难程度和他目前在国内需要现款的情况而定。在后一情况下，全国所有的钱比贸易中能妥为利用的数量多，或者至少货币对贸易的比例大于那汇兑率在平价以下的邻国的这种比例。

假设英国和荷兰之间的贸易差额相等，但是荷兰的货币比英国的多(从荷兰的自然利率低和英国自然利率高可以看出这点，从荷兰的一般食物和劳动力价格昂贵和英国价格便宜也可以看出这点)。如果某甲在荷兰有 10 000 镑，他在英国使用这笔钱就会获得更大的好处(或者靠放款取息或者靠购买东西)，这种更大的好处将诱使他把钱汇到英国；这时他给与一个在英国付给它 10 000 镑的英国商人的报酬大概会等于当时荷兰和英国之间的保险费。

如果这种事情发生在禁止输出金银的国家里,他就必须付出更多的代价,因为他如运出硬币,他将冒更大的危险。因此,禁止把货币输出英国、违者惩办的做法,可能有一些用处,因为它可以使汇兑率大于那些向我国输入超过从我国输出的国家,因而能留下一部分由于它们的贸易出超本来将从我们这里拿走的货币,虽然如果我们在贸易上入超,货币总得要流走的。

但是,因为荷兰商人不能在荷兰收取某甲的 10 000 镑而在英国付给他 10 000 镑,除非这个商人的出超使英国人欠他 10 000 镑,而他又不愿意用这笔钱买东西。所以我认为,能够提高任何国家的汇兑率的主要是贸易差额,并且在货币充裕的国家内,对于汇兑率发生影响的,只是那些转移去放款取息或在那里花费的货币;虽然对外国人放款取息完全不能改变这些国家之间的贸易差额,然而它能改变这些国家之间的汇兑率,因为当本应随着贸易差额而流出的货币,由于放利取息而留在那里时,情况就像这一部分超额已经清算一样,也就像贸易差额已经有所改变一样。但是这和两国之间的总贸易相比是不大的,至少是改变得较慢的,所以不是放利者决定汇兑率,而是商人决定它。我认为汇兑率直接主要地取决于现有的贸易差额,除非有某种偶然事件将使大量货币同时从这一地方汇往另一地方,暂时和一种贸易差额一样提高汇兑率。的确,如果仔细研究一下,这与贸易差额并没有什么不同。

为了能计算平价以及汇兑率的升降,我们必须知道据以计算和收取汇票费用的内在价值,也就是两国铸币中所含的白银量。

先生,如果在研究货币问题时,我从这一问题扯到另一问题,谈得太远了一些,请您原谅,因为我希望这些问题会有助于我们对于现在的论题的了解。

让我们回过头来谈土地的价格。从以上的讨论中显然可以看出，按多少年的年收益计算的土地价格，是不因利息的降落而增加的。把货币每年产生6%的利息的能力减到4%，并不能立即降低货币的价值，使它在和土地相交换时需要多付出1/3；因为利息从6%降到4%，并不能把地价从20年的年收益增加到30年的年收益。土地和其他东西一样，其价格的涨落主要取决于要出售的土地数量和准备购买土地的货币数量的比例，也就是取决于买者和卖者的数目；因为正像我已经说明的那样，如果卖者很多而买者很少，虽然利率降低，土地的价格仍将低廉。至少这一点是肯定的，那就是制定减低利息的法律并不会提高地价；它只会把货币进一步驱入银行家的手中，使国家更缺少它而已。因此，即使伦敦附近的地价偶然增加了，较远的乡间的土地的买主就会很少，因而地价更低。

既然土地价格低廉主要在于卖者多而买者少，那么需要探讨的下一个问题就是：为什么卖者多呢？这个问题的答案很明显，就是人们不知节俭因而负上了债务。如果政府和宗教的失职、坏榜样的恶劣的教育造成了荒唐的风气，而奇技淫巧或侥幸心又使人们以不量入为出为一时风尚，那么债务就是越来越多，从而迫使人们不得不先押出地产然后再出售它们。一般说来，这就是人们出卖土地的原因。我认为，除非抵押借款已经蛀蚀了世袭的土地保有权，而越来越重的债务又迫使人不论愿意不愿意，必须出卖土地，否则甘愿出卖祖产的人是百无一二的。什么时候有过没有抵押的地产被标卖呢？富裕的人不会把他的土地变成现钱以图获得更大的利益，这种例子太少见了，所以在考虑卖地者的人数时，可以不去考虑它。

我认为在伊丽莎白年代里（那时谨慎、节俭和勤劳使得英国的财富与日俱增），土地之所以能保持它的价格，并能按高于货币利息的年收益折算售价，原因就在于此，而且那时兴隆的商业需款孔殷，使自然利息比现在的高得多，而议会以法律规定的利率也高些。

在另一方面，买者稀少的原因何在呢？

1. 也是由于不节俭。当商人按照他的最高收入过生活，喜欢用钱的虚荣心使得他的钱柜屡空的时候，他是不会想到买地的。买地是利润已经十分多的结果；如果商人的利润所带来的货币还不多于他们在贸易中所能使用的数量，他们就不会想到把他们的钱用在买地上，只有在他们的闲着的钱堆满了他们的账房时，他们才买地。

2. 另一个使买地者少的原因是不可靠的坏契纸，当这种契纸很多，并且造成严重的后果时，我们不能希望那些有钱的人出来买地，就像不能希望那些载满财宝的船只去到暗礁和流沙中冒险一样。如果每天有船只失事，船只的残骸说明了失败的人非常之多，从而证明这种事情是愚蠢而危险的时候，那就不必因为这种海面上船只很少而觉得奇怪了。

3. 贸易的普遍衰落也使人们不愿意买地，因为这种局面有引起普遍贫困的危险，而这种贫困肯定是首先并且沉重地落在土地上的。那些给只顾眼前的地主提供货物的商人，不论国家是不是能从他们的贸易上得到好处，他们总都会从他们的货物上赚钱得利。他们将把自己的钱继续用在那种给他带来利润的贸易上(因为商人可能靠一种使国家贫困的贸易而得到好处),而不肯把他们的钱投在土地上,因为他们已经看到地租在下降,并且从贸易的情况上可以预见它可能继续下降。当一个国家正在朝着衰败破产的方向发展时,不管怎么样,商人和有钱的人准是最后挨饿的人。不论你观察什么地方,那种在某国出现并且使它破产的衰败,经常是首先落在土地上。虽然乡村绅士(他通常是安全地依靠他的夫妇财产契约所给与的年收入过活,并且认为他的土地是这种收入的稳定泉源)不大愿意这样想,然而这仍然是一件无可置疑的事实。贸易对他甚至比对商人本身更有利害关系,他应该比商人更关心使贸易获得良好的经营和管理。因为当贸易衰退使我们的一部分金钱流到国外,而其他部分被留在大小商人手中的时候,他就一定会发现,他所能制定的任何法律,或者任何在国内转移财产的小技巧,都不能使金钱再回到他手里来;他的地租一定要降低,他的收入要逐日减少,一直到普遍的勤劳和节俭以及安排良好的贸易使这个国家恢复原有的财富之日为止。

如果仔细考虑一下,这也可以让我们看到:不论捐税是如何安排的,也不论它是直接从什么人手里拿出来的,在一个以土地为主要财产的国家内,它的大部分终于会落在土地上面。不论人民主要以何为生,政府都要以之作为自己的财源。是的,我们也许会发现,甚至那些看来对土地影响最少的税,也一定会和其他捐税一样落在土地上。这一点值得在征税时仔细考虑,否则就要给乡绅带来一种他肯定会很快感觉到,但是不能很快补救的灾害。因为地租一旦跌落,是不容易再涨回来的。一种课加在土地上的税对于地主来说似乎是难耐的，因为很明显地有许多钱要从他口袋里流出来，所以土地所有者永远希望把捐税课加在商品上面以减轻自己的负担。但是只要他彻底地考虑一下这个问题，并且研究一下它的效果，他就会发现：他将为买到这种表面的轻松而付出高昂的代价；虽然他不是直接从自己口袋中支付这种税，然而在一年终了时，他的口袋却会比过去减轻，他的地租也会比过去减少，这是将会紧紧跟着他的一种固定和持久的不幸，其害甚于直接支付税款。

为了弄清这一点，我们假设在英国目前情况下，地租总额是1 200万镑，政府的费用和需要要求议会供应300万镑，这笔钱要出在土地上。那么土地所有人年收入的1/4就要直接从他的口袋里流出来。这是一种很容易感到的负担。那个实际从自己口袋里付出这笔钱，或者从每季结账日所收地租中扣掉这笔税款的乡绅，看得见并且很清楚地知道从自己的财产中流出去多少钱。但是，虽然这是他的年收入的1/4，虽然是从一笔每年400镑的财产中，税课公开地取走了100镑，可是这完全不影响缴纳高额地租的佃农或转租佃农所付的年地租，因为不论他的地租是全部付给国王或全部付给他的地主，还是其中一半或1/4付给国王或完全不付给国王，也不论由什么人来收他到期应交的地租，对他来说都是一样的；只要贸易兴旺，他的商品容易销掉，他就可以支付他的地租。和付给封邑领主的高或低的主要地租[①]一样，这不能减少他的农场的价值，因为不论土地是不是带有得对第三者每年付钱的责任，

① 主要地租是“主要佃农”所交的地租。“主要佃农”是直接向封邑领主（特别指封建时代的唯一最终地主——国王）租地的人。——译者

佃农的买卖和利润都是不变的。我们在学院租地的事例中看到这样的事情，虽然学院佃农在某些年比在另一些年根据不同的谷物价格对学院缴纳的地租，数目相差五倍，然而转租佃农却丝毫感觉不到这种改变，也没有理由因为地租中有较大部分不缴给地主就要求减租。所有这一切只是改变收租人的问题，对地产的年价值毫无影响。不论付租人所付的地租是如何分配或分给什么人，这片土地的租价也不会多一便士或少一便士。从这里显然可以看出，对土地所课的捐税丝毫不能使地租降低。

但是，假设某位乡绅为了使土地摆脱捐税负担，认为最好在商品上筹出那300万镑税款来以使土地免税。首先要考虑的是，既然公家需要300万镑（这数目只是为了说明问题，不论是300万镑或100万镑都是一样），并且必须有这样一笔款项送入国库，否则政府的必要开支就无从支付，那么，为了在商品上筹得这300万镑，并把它送入国库，从全国臣民口袋里拿出来的钱一定要比这300万镑多得多。因为征收这种性质的捐税时，一定要监视贸易的每一条细流，这需要很大一笔费用，特别是在最初试征的时候。即使征收商品税所需费用并不比征收土地税的费用大，并且人们只要缴付300万镑税款，那也很明显，要从商品上征这种税，这些商品的价格对消费者说一定要增加1/4，于是每一件商品对使用商品的人说，就要比以前贵1/4。让我们看一看这1/4到底要由谁来支付或落在什么地方。显然商人和经纪人既不肯付也不能付，因为如果他们为商品多付1/4的价钱，那么他们的卖价也要相应地增加。贫穷的劳动者和手工业者不能付，因为他们已经是仅能糊口；如果他们的一切食物、衣服和用具都比过去贵1/4，那么为了使他们活下去,他们的工资就必须和物价一同增长,否则他们就不能以自己的劳力来维持自己和家庭生活,要到教区请求接济,那时土地就要背上更重的负担了。如果劳动者的工资与物价成比例地增加,那些在工资以及一切其他物品上多付 1/4,可是在市场上以同样或更低价格(价格更低是可能的,因为对商品所课的税使人们不那么踊跃购买了)出售自己的小麦和羊毛的农场主,就不得不降低自己所缴的地租,否则就将破产、拖欠地主的地租而逃亡,于是土地的年价值就降低了。如果租地人由于不能靠他的商品筹得他所应缴纳的地租,或者欠租而逃亡,或是不减租就不能继续经营农场,那么在一年终了时,除了地主还有谁支付这笔税款呢?当农场上的每年用费随着劳动者工资的增加而增加,而产品却由于对商品课税而卖得更贱的时候,农场主又怎么能够在四季结算日筹集出他应缴的地租呢?有一件事情值得我们注意,就是在英国对任何外国商品课税,就会增加它的价格并且使进口商出卖他的商品时多得钱;但是对本国物产和本国自制商品课税则恰恰相反,它降低这些商品的价格并且使第一个卖者少得钱。

这个理由很明显。因为商人所进口的只是那些本国人民的需要或浮华风尚使他可以找到销路的商品;他不仅要使他的利得与商品上陆以前他所花的成本和所担的风险成比例,而且要使他在这里由于税课而付出的款项得到利润,并且能借此把他的价格提高得比税款还多;如果不能这样,他就不会再进口这种商品。这种外国商品既不是他自己农场的出产,也不是非卖它不可,如果发现价格不能满足他的希望,他尽可以改卖在市场上更受欢迎的其他商品。商人是绝不会继续经营那些因为人们的爱好或风尚改变而销路减少的货物的。虽然他们有时候也会碰到突然的改变，但是这种突然的改变在贸易中很少见，它对大部分的贸易没有影响。人们只要有钱或者有信用，总是要买必需品和时髦商品的，他们并不顾这些东西的价钱，有时候反而越贵越买。造成浮华风尚的原因，是虚荣心而不是实用，人们所比的不是谁有最方便或最有用的东西，而是谁有最漂亮，也就是最昂贵的东西。同样的东西，如果是来自中国和日本，价钱昂贵，我们就重视它，购买它，如果是本国产品，人人都有，价钱便宜，我们就看不上它，这种事情不是很多吗？我们自己的几种商品以合理的价格出售时遭人轻视，而当同样商品冒充法国货以高一倍的价格出售时，人们却热心购买并且以之自豪，这样的事情不是也有吗？所以绝不能认为提高时髦的外国商品的价格会减少它的销路，只要人们有力量买它，这反而会增加它的销路。法国葡萄酒在我国成了一种时髦的饮料，一个人招待朋友或自己用饭时不喝法国葡萄酒就感到羞愧。我们都记得它的价格已从 6 便士提高到 2 先令，但是这阻止了人们喝它吗？没有，恰恰相反：肯不惜任何代价买法国葡萄酒的人受到了赞扬，他宁愿多花钱，也不愿意被认为是一个无力或不懂如何过舒适生活或殷勤款待朋友的可怜虫或守财奴。所谓时髦大都不过是夸示财富，所以风行一时的商品的价格高昂，不但不会减少，反而会增加它的销路。人们所比的、所引以为荣的不是商品的实际用处，而是它的高昂价格。当人们可以拿自己邻人所买不起的、罕见的或外国商品炫示时，别人就认为并且说他们生活得好。

这样我们就知道为什么外国商品不会由于对它们课税而落价了，这是因为商人除了时髦的和越贵越好卖的商品以外，不必把任何其他商品带到我们市场上来。但是恰恰相反,我们的土地所有者却必须出卖他的土地和劳动提供给他的普通习见的商品,并且只能按照市场上所能得到的价格卖掉它们。买者都知道这一点,而那些国产商品又很少为人们所喜爱,并且除了可满足一切人的一般或单纯需要以外,并无其他可爱之处,所以只要一对它们课税,人人都尽可能少用它们,以便省下钱来用在其他必需的或有体面的开支上。这样,本国产品的第一个卖主所得的价格就会大为降低,因而出产这些产品的土地的年价值也就降低了。

所以,如果对商品课税确实影响那种以高租出租的土地,显然它也同样影响英国的其他一切土地。乡绅们如果希望靠对商品课税来减轻自己土地的负担,他们只是以最坏的方式(也就是说以减少自己土地的年价值的方式)来增加自己的用费。在一个以土地为大宗资财的国家内,希望把政府的费用放在其他事物上是徒劳无益的,费用最后总是要落在土地上面。无论怎么样,商人也不会承担这个负担,而劳动者不能承担这个负担,所以只好由土地所有者来承担。而对他说来,究竟是把这种负担直接加在它最后归宿的地方好,还是让它通过降低地租再落在他的头上好(人人都知道,地租一旦落下,就很难再涨起来),让他自己去考虑吧。

有人拿荷兰作为让贸易负担国家费用的一个例子。可能荷兰是世界上(除去很少一些小自由城市以外)唯一可以用来证实这种办法的地方。但是仔细研究一下,就会发现情况正好相反,它清楚地证明,不论把捐税加在什么东西上,一切地方的土地都会按一定比例承担这种负担的较大部分。人们说荷兰联邦的政府费用是由贸易负担的。我承认是如此,绝大部分费用确是由贸易负担了,但是土地因此就被饶过和轻松了吗？完全不，恰恰相反，土地所承担的负担使得许多地方有一半、其他一些地方有1/4、另一些地方有1/8的年价值没有进入土地所有者的口袋。如果我了解得不错的话，有些地方的土地不能付捐税，所以我们可以说，不到土地不能负担政府费用的时候，这种费用是不会落在商品上的。负担必然首先落在土地上，当它给土地的压力大到使土地不能再负担的时候，就必须把贸易找来帮忙维持政府，以免大家都垮下去；但是压力永远是首先落在土地上，并且不论你怎样征课赋税，只要它力所能及，它一定会把赋税承担起来。人们知道荷兰政府的费用有多少是由阿姆斯特丹的贸易独力承担的，我记得一个城市就支付了荷兰联邦全部税款的36%。但是它减轻了格尔德兰的土地的负担了吗？让随便谁来看一下，在那个土地多而贸易少的地方，人们的收入情况到底如何，那里的乡绅是不是靠他们的土地发了财，而商人则因为课征商业税而贫困了呢？恰恰相反，格尔德兰是如此贫困和缺少现金，以致多年来阿姆斯特丹都不得不替它支付捐税，这在实际上也就是支付格尔德兰的捐税。



不论你如何想方设法，不论你如何制定捐税制度，商人总可以把捐税转嫁到别人身上去；商人负担的捐税总是最少，他们最不容易变穷。在荷兰本身，贸易上的负担很重，可是发大财的究竟是土地所有者呢还是商人呢？他们之中谁最拮据，谁最缺钱呢？在土地被课税的时候，国家也许会繁荣，乡绅也许会致富，他的地租也许会增加（在我国就曾如此）；但是我敢说没有人能够举出一个国家来，在那里为公共费用征收了相当大的款项，而土地不最显著地感到这种负担，也不承担它的较大部分。

所以我们绝不能把地租减少或地价下跌归咎于高利率;如果我们的财富由于不知节俭而被浪费掉,我们也绝不能希望靠那种降低利率的法律来使地租和地价提高到它们原有的水平。我认为我们降低利率是徒劳无益的。要想使地租和地价增加,一定要增加买者的人数并减少卖者的人数;这靠调整利率是办不到的,必须用其他的方法,否则有土地的人就会找不到按照他所希望的价格来购买他的土地或土地上所生产的谷物的商人。

但是,即使议会的一个法案能把利率降为 4%,而这利率降低又立刻能把土地的价格从相当于 20 年的年收益增加到相当于 25 年的年收益,是否应该制定这种法律也是值得怀疑的,因为这对于国家并没有好处。制定一条法律使卖地的人可以向买地的人要 500 镑而不是 400 镑,那对国家又有什么好处呢?的确这会使我们英国人之间的货币分配有所改变,但是这种做法既无助于保持我们现有的货币,也无助于从国外取得更多的货币。从外国取得货币乃是有关国家财富唯一重要的事情,所以我们局外人总认为这是议会唯一应该关心的事情。要知道只要钱在我们国内,无论是在张三手里或是在李四手里是无关紧要的,要紧的是要使无论谁有这笔钱,都会能够受到鼓励把钱拿出来投入贸易流通之中来增加国家的一般资本和财富。

土地价格的这种增加,正像它对于国家并无利益一样,对于土地所有者也没有好处。我认为土地所有者既是承担最大部分国家负担的人,就应该得到最大的关怀,应该享受法律(在公共福利方面)所能给他的最多的特权和财富。但是请考虑一下:靠增加地价中年收益的数目来提高土地售价的办法,并不是把好处给与土地所有者,而是给与不再继续做土地所有者的人。那些不再有土地的人获得更多的钱,而那些有土地的人反而更贫穷了。土地所有者的真正利益,在于他所生产的小麦、肉类和羊毛能有较好的销路和较高的价格;这才确实是有益于土地所有者的事情;只有它才能使地租提高和使土地所有者更富有;而这是只有通过增加我们的财富和把更多的货币吸收到英国来才能办到的。降低利率并从而提高地价(如果降低利率能有这种影响的话)不但不能做到这一点,反而会显而易见地直接妨碍我国财富的增加,这就是说它阻止外国人来我国买地并且在我们中间定居下来。于是我们受了双重损失:第一,我们得不到他们的人,而增加人就是增加国家的力量和财富。第二,我们丧失了很多的钱;因为不论这个英国人给那个英国人什么样的地价(即使是把地价增加到相当于40年的年收益)英国也不会得到一文钱的好处。而当一个外国人在英国买地的时候,不论他出什么样的地价,他所付的每一文钱都是英国的纯利得。因为这些钱纯粹是进款,并没有从英国带走任何东西,所以每一文都是英国的纯利得,就好像是从云端掉下来的一样。



而且,即使我们只考虑卖地的一方,把利率降低为4%,也不会对他们有好处,除非你能因此把地价提高到相当于30年的年收益,而这又是完全不可能的。我想也没有人希望靠把利率降到4%来使自己的土地得到肯出那种价钱的买主。如果法律能调节利率,他们所有的一切都会减少,他们的土地的价值也受损失,因为货币被贬值了。所以当试行这样一种法律时,有土地的人也是不合算的。我认为所有这类企图的最终结果就是如此,经验将要说明:虽然想用法律来调节物价肯定会有害于贸易并造成混乱,然而物价并不会为法律所调节。

如果利率确是不能由法律来调节，或者虽能调节，然而把它减少到百分之四也是害多于利，那么为什么（你一定会说）还要有规定利率的法律呢？我不说这样的话。因为：

1. 必须有一个固定的利率；在借贷和到期债款宽限时，如果双方没有合同规定利率，法律应该提出一个标准，法庭也应该知道一方该付多少赔偿费。这是可能并且因此也应该加以规定的。

2. 在现在的现款流转情况下（现在现款差不多全在伦敦，并且被很少一部分人垄断着），这可以使青年人和缺钱的人不致太轻易地遭受重利盘剥，也可以使手眼通天、互相勾结的放利人不致有太大和无限的权力，来掠夺无知和有急需的借款人。如果货币根据贸易的需要而更平均地分配在英国各地区和更多的人手中，那这种危险就不会很大了。

如果货币像土地一样可以出租，或者像小麦、羊毛一样可以从它的原主那里直接买到，或者借款人可以拿出人所公认的良好抵押品，那么货币大概就能够按市场利率（这是真正的利率）借到，而这种利率将是国家贸易和财富的一种经常尺度。但是当一种垄断已把这一普遍商品交给少数人手中时，就有必要规定利率，虽然在事态经常改变、货币流动不定的情况下，很难确定固定的利率应该是多少。一个合情合理的提议也许是，利率应该有一定的上下限，一方面它不应该完全吃掉大小商人的利润，从而妨碍他们的勤劳努力；另一方面也不应该太低，使人们不愿意冒险把自己的货币放在别人手中，宁愿使它退出贸易，也不愿为那样的小利而使它承担风险。利率太高，就会妨害商人的利润，使他不愿意借钱；利率太低，则会妨害放利者的利润，使他不愿放款，二者对于贸易都是有害的。

上面所说的规律也许太一般、太不谨严了，让我们再补充一句，如果一个人只考虑货币和土地，只考虑两者彼此的关系，那么在现在利率为6%时，它们的比例可能是最好的，因为6%比合20年年收益的地价稍高一点；这种地价正接近于英国一般的地价，英国地价从来不比这高很多，也不比这低很多。假设100镑货币和每年5镑地租的土地（这就是合20年年收益的土地）的价值是相等的，那么就有必要使它们的价值真正相等，以便它们能够产生相等的收入，而100镑以5%的利率放出是不能产生这种相等的收入的，这是因为：

1. 货币不能生利的时候很多，有时还很长，土地就不是这样。放利的货币回到放利者手中以后，在能够找到新的借款人把它再放出以前，通常都闲置起来，在这段时间里不能提供任何利息。但是土地就没有这种情形，即使土地是在地主自己的手中，或在租地人开始经营土地以前仍留在地主手中时，土地上生长的产品还是为地主所有的。虽然在夏至日借钱的人绝不会从报喜节[①]就开始付息，但是在夏至日租进农场的人却有理由好像从报喜节起就接受了土地一样从这天起付租。



2. 除了货币不能产生利润的时期比土地多以外，还有另一个理由使放款的收入和利润应该比土地的略高一些，这就是放利的货币所担的风险更大些。借钱者也许会破产和携款逃跑，那么不

① 天使将耶稣降生告知圣母马利亚的节日，即三月十五日。——译者

但到期的利息,就连未来的利润和本金都将永远丧失了。但是在土地方面,一个人所能丧失的只有到期的地租,而土地上的资财通常就是这种地租的很好的抵押品。租地人欠下一些地租而逃跑时,土地仍然存在,这是不能被带走或丢失的。一个人在密德塞克斯以 20 年年收益的地价买下了每年收入 5 镑的良好土地,又在罗穆尼沼泽地或其他地方买了每年有同样收入的若干土地,可是后一片地的位置有被海水吞没和完全丧失的危险,那么这个买地的人希望以少于 20 年年收益(比如 16.5 的年收益)的地价来买这片地,并不是不合情理的,因为这就使它和以 20 年年收益的价格购买的土地处于同等地位了。货币利率是 6%,就是因为放款有不能收回自己的货币的危险,应该得到较大的利润。所以现在英国的 6%法定利率也许是由固定规则所能规定的最合理、最方便的利率;当我们考虑到法律并没有要求借者必须付 6%,而只是禁止贷款人拿 6%以上的利率时,情况尤其是这样。所以如果法定利率自己跌落了,有钱的人肯定会发现这件事,而他的利率也就会相应地降低。

有些人认为高利率对贸易不利,但是如果我们回顾一下,就会发现英国从来没有像伊丽莎白、詹姆士一世和查理一世时代那样繁荣,流入英国的财富也从来没有那时那样多,而那时利率是 10%和 8%。我不预备说这些情况是由利率高造成的。我却认为我们企业的繁荣造成了高利率。因为那时每一个人都极力想得到货币以便把它用到有利的商业中去。但是,我想我可以从这件事中得出一个合情合理的推论,就是降低利率既不是促进我们的贸易,也不是增加我们的财富的妥善办法。

对于这点，我听到有人说，善于促进贸易的荷兰人，为了在这件事上和其他一切促进贸易的方法上压我们一头，一向遵守一个规律，就是当我们在英国把利率从10%降低到8%时，他们马上就在荷兰把利率降低到4%。当我们把利率降到6%时，他们就把利率降低到3%，从而保持低利率给贸易带来的优势。这些人由此很快地得出结论，说降低利率可以促进英国的贸易。我的回答是：

1. 这些话看来很像是在当时编出来使那些轻于相信的人上当的，而不是真正推理和真情实况。因为如果降低利率真是那样对商业有利的话，为什么荷兰人那样经常地只对我们采取这种措施，而对于某些其他邻国——它和这些国家的贸易关系不亚于和我们的关系，甚至更为密切些——不采取同样措施呢？只这一点就足够使人一看便疑心这番话仅仅是要迷惑人和别有用心的。因为，

2. 我们会发现当我们在英国把利息降低到8%时，荷兰人并不是用法律把它降低到4%的，并且在英国把利率降低到6%时，荷兰也没有订立任何法律把利率降低到3%。不错，当约翰·德·威特在荷兰执政时，他曾经以减少公债为己任，在实际偿还一部分，并且准备好偿还其他债务的款项以后，他通知一切债权人说，谁如不愿接受4%利率，就请来收回自己的钱。那些债权人发现他真预备这样做，并且也不知道用什么其他办法来使用自己这些钱，就接受了他的条件，把原来是5%的利率改成4%。因此(荷兰的大宗借款都是借给国家的)在这一意义上说，我们可以说在那时利率是降低了，但是如说这件事是由禁止接受高于4%的利率的法律所造成的，那我不能承认，并且要求说这话的人给我提出证明

来。的确，在以后，人们如有很好的抵押品，可能在荷兰以3%或3.5%的利率借到钱，但这不是由于任何法律，而是由于自然利率。并且我要请教熟悉荷兰法律的人们：在去年(我想无疑今年仍是如此)在荷兰的人是不是可以合法地用他能得到的任何利率放出自己的钱呢？如果借款合同规定的利率是10%，当对方不履行义务的时候，他是不是可以在法庭中追索这种利息呢？所以如果说诚实和可靠的人可以用3%或3.5%的利率借到钱，这并不是由于法令、公告之力，而是由于自然之理；在有大量金钱准备出借而相对地说只有很少的良好抵押品的地方，有良好抵押品当然就能以低利率借款。荷兰是一个土地只占国家资财很小一部分的国家。它的巨大资源是贸易，它的财产一般都是货币，所以一般说来，凡是不是商人的人都是放利的人。在荷兰放利的人非常多，如果国家不是负债很多、不是对一切债权人付4%利息而是把本金还给他们，那么货币就会远多于可以加以利用的或可以冒险投入贸易中的数量，以致除非他们想办法把货币投入外国，利率很可能降低到2%或更低。

我同意那些人的说法，他们说荷兰的利率确实低，但是它之所以低，并不是由于法律，也不是由于政府的促进贸易政治策略，而是当利率最初降低时现款十分充裕的结果。我所以说当利率最初降低时，是因为利率一旦降低，而公家已经借了私人很多钱并且继续在借着的时候，虽然最初使利率降低的货币十分充裕的情况已大不如前，人们的财富中一大部分已经实际减少，但是利率一定会继续低下去。因为国债给债权人提供一种固定的年收入，人们认为它是安全的收入来源，认为它是和土地同样有价值的，于是他们彼此买卖这种债券。不论国库中有货币没有，每一个借一万镑给国家的债权人，随便那一天都可以卖掉这种债券，把它换成现金。这种放款对那些不知道用其他方法处理自己资财的人们有很大的好处，所以即使国家现在有力开始偿付债务，债权人也宁愿以较低的利率继续借给它（就像若干年前官方请他们去收回自己的金钱的时候那样），而不愿把钱收回放在自己手里闲置起来。这是荷兰的利率情况，他们在若干时间以前，由于货币充裕和偿付国债，使他们的利率降低了。但是这既不是法律的命令或限制的结果，也不是我们在英国用法律把利率降低到6%的反响。因为我否认在荷兰有什么禁止以3%、6%或10%以上的利率放款的法律。不论在我国有人怎么说，在荷兰仍然是人人都能像做任何其他事情一样自由地以自己所能得到的利率放款。并且一旦订立合同，法律就会强制借款人按照规定付息。



我承认，如果人人都同意低利率，如果商人肯相应地调整他们的利得而人们也肯借钱给他们，低利率确是对商业有利的，但是当公家出7%、8%或10%利率借款时，我们能指望那些担保品肯定不会比公家更好的私人能用4%利率借到款项吗？那些认为因而主张高利率是对国库贷款的一种鼓励的人们，同时又以为低利率能把货币带进贸易来，还能有什么事比这更奇怪呢？荷兰联邦几年以前就对它们所欠债务只付4%的利率，如果你建议以荷兰为榜样，用法律来调节利率，那么就试一试在我国是否能这样做，也让人们以这种利率借钱给国家。如能做到这一点，这将有利于国家，并且减少我们公共费用的一大部分。如果不能，那就得承认使荷兰利率这样低的原因并不是法律而是其他事物，而且如果它们的信用较差或货币较少，这种其他事物就会使联邦或任何其他团体支付较高的利率。

财富减少的一个必然迹象是地租降低，而提高地租是值得全国关怀的事情，因为土地所有者以及公众的真正利益在于提高地租而不在于降低利率。所以探讨一下英国地租降低的原因，也许不算是题外的闲文。这些原因是：

1. 土地越来越贫瘠，产品减少，因而从这些产品上所得到的货币就减少；因为很明显，那些在平常年头一般出产100蒲式耳小麦的土地，如果由于长久的耕种现在只能生产50蒲式耳，地租就会减半。但是我们不能认为这种情况是普遍的。

2. 有些土地的地租由下列原因减少了：(1)人们不再使用这种土地的产品，例如如果英国禁止吸烟，弗吉尼亚的地租必落；(2)有其他东西代替了这种土地的产品，例如发现煤矿以后，林地的地租就会降落；(3)市场上同一商品从其他地方得到较便宜的供应，例如输入爱尔兰的牲畜一定会使英格兰牧地的地租减低；(4)或是由于对本国商品课税，使农民出售产品时所得较少，而劳动和他所买的东西的价格都较高。



3. 国家的货币减少了，因为货币的需要和用途并不随着货币数量的减少而减少，它在全部流通中被使用和被分配的比例仍然和以前一样；货币数量减少多少，每一个有权分享这些货币的人所得的份额就必然相应地减少，无论是土地所有者出售产品时、劳动者挣取工资时还是商人挣取经手费时都是如此。不过通常首先感到这点的是土地所有者，因为货币减少和不足时，人们就没有过去那样多的货币可以使用，于是被带到市场上的货币一定要减少，因而物价必然低落。第二个感到这一点的是劳动者，因为当土地所有者的地租降落时，他一定得减低劳动者的工资，或不雇用他们，或不付工资给他们，不论哪一种做法都会使劳动者感到货币缺乏。最后感到这一点的是商人，因为虽然他们卖得少一些、卖价低一些，但是他们也能以较低的价格购买我们的国内产品输出国外；如果输出我们的产品到国外市场而不获利，他们一定会听任它们留在农民和制造业者手中而不收买它们。

如果在贸易中使用的货币有 1/3 被人们锁起来或流出了英国，那么土地所有者在售货时不是必然要少得 1/3 吗？在同一人数的收受者之间进行分配的货币不是也必然少 1/3 吗？的确，人们不知道货币流走了，往往彼此猜忌，每一个人都认为别人的不公平收益夺走了自己的份额，每一个人都极力使出自己的才能和力量来收回自己这一份，想把和过去一样多的货币弄到自己口袋中来。但这只是我们自己互相抢夺，对我们的困乏毫无补益，就像躺在一起的几个孩子争拉一块短被单不能使他们不受寒冷一样。除非这些孩子的父亲多弄些布，加大这块不够用的被单，否则这些孩子中一定要有挨冻的。这种拉和抢一般发生在地主和商人之间，因为劳动者所得到的份额一般是仅足糊口，这使他们没有时间或机会来想这些事情，或（采取共同行动）与富人们争夺他们的一份；除非有某种共同的大灾难使他们在一种普遍的纷扰局面中联合在一起，使他们无所顾虑而鼓起胆量来用武力夺取自己的所需；在这种情形下他们有时会突然袭击富人，并且像洪水一样地把一切都冲掉。但是，除了在失职和不良的政府的错误管理下，这种事情是很少出现的。

我刚才说过，在财富减少时，一般的争斗是发生在地主和商人之间；在商人之中我还可以加上有钱的人。地主受到地租减低和家财减少的损失，可是有钱的人可以保持着他们的利得，而商人则由贸易而发财致富。地主认为是这些人偷窃他的收入，靠他的损失来建起他们的财产，并且在国家财富中强占了过于他们应得的一份。因此地主就力图用法律来维持土地的价值，他们认为这种价值的减低是由于别人获利过多而造成的；但是他的企图是徒劳无益的。他看错了原因和补救之道。并不是商人或有钱人的收益使土地价值减低，使土地价值减低的是由于浪费和贸易经营不善而造成的货币缺乏和财富减少（不过总是地主阶级首先感到这一点而已）。如果有土地的士绅们需要更多的红葡萄酒、香料、丝绸和其他外国消费品，并因此而造成一时风尚，使人们对这些东西的需要超过我们的出口商品所能换得的数量，那么货币就必然会流出国外以平衡收支和偿付债务。所以我担心我所听到的另一个禁止生金银和货币出口的建议，也只不过是说明我们有防止货币流出国外的必要，而不是一种把货币保留在国内的切实办法。

在西班牙，输出货币是死罪，然而那些把金银提供给全世界的西班牙人自己的金银却最少。虽然这个懒惰和贫困的民族想出了种种人为的强制方法，意图将金银保持在国内，然而贸易却仍然把它拿走了。金银跟着贸易走，并不管严格的法律；西班牙人对外国商品的需要使得金银在青天白日就被人们公然运走。大自然把金银矿赐给世界上某些地方，但是这些财富唯有那些勤俭的人们才能享有。不论这种财富曾经访问过什么人，它们只肯和勤劳、朴素的人们待在一起。只要我们能恢复我们祖先的那种美德和节俭的生活方式(安于享用我们自产的生活享用品,而不去追求那些奢侈浪费的外国货),并使人们尊重这种风气,我们就能保持和增加我们的财富并使我国富足;这不是那些关于利息、货币、生金银等等纸上谈兵的东西所能比拟的。我恐怕我们如不节俭,无论我们采取什么妙计良谋,无论怎样热心地去求助于这种纸上谈兵,它们也不能使我们免于贫困。国家情况与一个家庭一样。用钱少于我们自己商品的收入,乃是国家致富的唯一可靠法门。当我国人民认真考虑到这一点并认真这样做的时候,我们就可以希望提高我们的地租和增加国家财富。如果不然,要靠大喊大叫和法律的武器来把贫困从我们这里驱逐到别的地方去,那是徒劳无益的。我们必须从这一岛国上把这种坏东西根本清除出去,因为由经营不善所造成并由浪费的虚荣心助长起来的困乏将使全国贫困,谁也逃不出它的毒手。



假定经营英国贸易需要300万镑,其中100万镑是维持地主的,100万镑是支付劳动者和手工业者的,另100万镑是由于经纪人分配工作的勤劳而归于他们的;如果这笔钱中有100万镑流出了英国,那么,为了他们的土地产品、劳动和分配工作而分给他们的份额岂不必然要少1/3吗?我不是说他们会同时感到这种缺乏。但是,地主除了他的土地产品以外,没有任何其他东西可使他们得到收入,买方则永远能根据他所有的货币的多少来决定出售物品的价格,所以地主对他送到市场上的商品只能接受市场价格,而这种价格是永远系于货币的多寡的。所以如果我国流失一部分货币,准是地主首先从他的商品的价格中感受到它。因为经纪人和商人所得的卖价虽然低了,可是他们所出的买价也低;他们一定要得到利润，不理睬不能使他们稳稳获利的商品；凡是他们所不理睬的商品总会成为地主的损失。

假设我们的毛呢制成品在外国市场上销售一半，在国内消费一半，如果我们的铸币有不少一部分(如 1/3)流出国外，因而人们都同等地比过去少了 1/3 的货币(肯定是相等的，我所摆脱的 1/3 的损失，别人一定得把它补上)，那么人们必然就没有那么多钱可以用在衣服和其他东西上，于是不得不把衣服穿得省一些，或是少出些钱来买它们。如果一个毛呢商发现销路不好，他只好卖得便宜一些或根本不卖；如果他卖得便宜，他对羊毛和劳动就必须少付钱；劳动者工资少，他也必须少买小麦、牛油、乳酪、肉类等或全然不买其中某一种。无论是哪种情况，羊毛、小麦、肉类和其他土地产品的价格都要降低，而土地承担其损失的最大一部分，因为不论某种商品的销路在那里发生阻碍，这种阻碍都要继续下去，直到落到土地所有者头上为止；并且无论商品的价格从哪里开始跌落，也无论在它和土地所有者之间要隔多少道手，人们都要彼此报复，最后总是落到土地所有者头上；而到了那里以后，他的任何商品的减价都要减少他的收入，成为一种净损失。出产商品的土地的所有者和消费商品的最后买主，是贸易的两端；虽然土地所有者手中的任何商品的落价并不会被最后的消费者所感到(这是由于居间的经纪人和垄断者的技巧把物价抬高以使自己受益的缘故)，然而凡在消费者缺少购买愿望或缺少货币使物价降低时，最初的生产者立刻就会受到影响，因为任何居间人都不会关心维持这种物价。

降低利率丝毫不能影响使地租下降的头两个原因。对第三原因，它却有很大影响，因为这使英国人和外国人抽回或不拿出他们

的货币，从而使英国的货币减少。货币不投入贸易而被窖藏起来，那和根本没有这笔货币是完全一样的。

我听说有人拿下列的话作为应该把利率降低到4％的一个理由，他们说“这样使承担公共费用的土地所有者能因利率降低而减轻一些负担”。

如果说这会减轻债务人的负担，并把损失放在债权人身上，这种说法就是对的。但是，除非你假定一切土地所有者都负债，否则降低利率就与土地没有普遍的关系。可是我希望我们仍能认为在英国有地的人也是有钱的人，并且他们和别人一样，都可以靠他们的节约勤俭来使自己收支相抵而不至于走下坡路。

在这个问题中，有人认为最值得考虑和补救的是“已经把自己的一半土地抵押出去的人要为土地付出全部捐税，而抵押贷款方则按高利率拿走净利润，这是既难忍受又不合情理的”。我对这些话的回答是：



1. 如果有人由于为国服务而背上了债务，公家应该把钱还给他，使他摆脱债务。这是一种合乎公道的事情，为自己国家服务的人如果没有得到什么酬赏，至少不应该让他因此吃苦。但是我却不记得有哪一国的政府是为了袒护那些因经营不善使自己陷于困境的人们而改变它的法律；这可能就是因为公众对于那些把国家的资财滥用在奢侈的私人消费上，并因而造成一种使国家破产的风尚的人们，不负有任何义务的缘故。人们为已抵押的土地付税，正是对不知节俭的一种惩罚；不节俭之风本是不可长的。节俭的人不会支付这种地税。

2. 对上述说法的另一种答复是，这对乡村士绅和对城市中商人是一样的。如果他们愿意拥有比他们实有的土地更大的地产权,那只能怪他们自己,别人是无法使他们不付这种地税的。解救之法握在他们自己手中,他们随时可以解救自己;只要他们把地卖出清偿债务,他们就不必再为自己所有的但不真正属于自己的土地交税了。还有一个方法可以减轻他们的痛苦,并除掉许多其他不利之处,那就是进行登记;因为地产抵押登记以后,土地税就可以扩展到抵押贷款者的头上,使债权人也付他应付的一份。

我碰到一些赞成4%的利率的人,他们(除了告诉我们许多其他好处以外)断言:“如果利率降低到4%,有些人就能以这种低利率借钱来偿债,有些人能比现在多借一些钱改善他们的土地,另一些人则能多借一些钱用在工商业上。”话的确很漂亮,可惜里面没有实在的东西!这些人说话,好像不只是要显示他们和所罗门一样的聪明,而且也要显示他们和所罗门一样的有钱,好像他们可以使金银和街上的石头一样多似的。但是归根到底,我恐怕这只不过是不花钱的漂亮话,而且我也希望它是如此。如果乡绅和商人们真能比现在更为便宜地找到钱,那么毫无疑问,每一个人都会争先恐后地去借钱,希望用别人的钱来给自己找好处。如果有人能认为增加借款人的人数是一种好事,我承认那些赞成4%的利率的人确实找到了使人希望用这种利率借钱和增加借款人人数的方法。但是,对于他们这些漂亮的计划,我只用这一简单的问题来答复:4%的利率能增加贷款人的人数吗?如果不能(每一个人只要一听就会很快地想到这是不可能的),那么,这些魔术家们给与我们改善土地、清偿债务和发展贸易的大量货币,只不过是像老妈妈们所相信的别的魔术师有时给与那些可怜的老实姑娘的满抱金银

一样，当她们把它拿到灯光下看时，原来都是一些枯叶。握有这些东西的人们仍是和过去一样地缺钱。

的确，如果我们的货币非常多，每个人在贸易中能用多少就能以4%的利率借到多少；不，哪怕是人们能用多少就能以6%的利率借到多少，那么，我承认这对于英国是好事情，我很希望能够如此。但是即使在利率为6%时，借钱的人已经远远多于放款的人了。要不然，为什么商人为了经营费用有时出6%、而更经常的是出6%以上的利率呢？为什么每年有1 000镑收入的乡间士绅虽然能拿出抵押品，却难以借到1 000镑呢？这都是由于货币缺乏和抵押品不够安全。降低利率以后，这两个原因阻碍借款的作用是不会减小的。我觉得无论谁也不能认为把利率降低到4%就可以减低这两个原因的力量；而且减少放款人的报酬而不减少他所担的风险也绝不能使他更热心于贷款。所以那些大谈在利率为4%时人们可以借到并使用更多的货币来为公众谋福利的人们，只不过是要增加我国借钱人的数目，可是我们的借钱人肯定已经太多了。当他们这样使人们渴望百分之四利率的黄金时代时，我认为他们是在要弄那些可怜的贫困债务人和缺钱的商人，正像我曾经看见过那些聒聒叫的穴乌有时对小乌所做的那样，这些穴乌围巢拍翅而飞，叫个不停，使所有小乌都张口待饲，但是因为穴乌的空嘴中只有噪声和空气，结果是小乌仍然不得一饱。

的确，这些人已经想出了怎样用一种妙计——依靠法律的约束——来使利率降低1/3的办法；他们告诉张三说他可以得到1万镑用来购买商品或衣物，告诉李四说他可以再得到2万镑来偿还债务；他们就和西班牙人处分他的遗产那样慷慨地分掉这笔他们将要得到的钱，甚至就在他们能够得到它的地方当时分掉它。但是，除非他们能够向热心借钱的人指出可以借到钱的地方，否则他们只不过是增加了人们的奢望，丝毫不能使钱来得更为容易；除非他们能够指出这一点，否则他们所谈的叮当响得很好听的金钱只不过是水中之月。我觉得这些先生们与其使人们希望以较低的利率借到较多的钱来满足自己和自己的贸易的需要，还不如费点心想出一条人们如何可以不用利息就借钱的方法，因为这样好处更大得多，而且可能的程度也毫不小于前者。对 30 个人分配 20 双鞋，不论这些人是出 4 先令一双的代价还是一文不出，其难易程度是一样的，即使法定鞋价由每双六先令降到四先令，反正得有 10 个人不得不赤着脚坐在那里，和完全不出钱就可买鞋一样。在一个货币不能适应贸易的需要的国家里，情形正是这样。打算使每人都不用利息就可以借到他所需的货币（就是说，能用来改善土地、偿付债务和发展贸易的货币），和打算使每人都能用 4%的利率借到货币是完全一样的。要么是我们已经有了多于货币所有者肯于出借的货币，要么就是还没有。如果现在英国的一部分货币不肯被以现行的利率借出，那么把利率订为 4%以后，人们就会更热心于放款，而要借钱的人就能因为那些极好的目的而借到足够的款项了吗？如果人们已经借出了他们所有的一切款项，那么那些愿意以 4%的利率多借一些钱的人到哪里去借呢？难道是货币太多，借钱的人太少，以致必须把利率降到 4%以便鼓励人们借款吗？

在任何国家内，一切可以想象得出的增加货币的方法只有两条：不是从我们自己的矿里挖掘，就是从我们的邻国那里去赚取。

4%的利率并不是可以发现金银矿的探金杆之类的东西，我想人们都会很容易地同意我这一句话。从外国人那里得到金钱的方法不是靠武力，就是靠借贷或贸易。除了这些方法以外，人们所能想出或提出的任何增加金钱的方法（除非是他们准备搞出一块点金石）全都和我所知道的一个疯人的办法没有什么不同，这个人刚一发病时，头一个精神失常的表现是把一大堆格罗特[①]放在一起去煮，据他说，要使它们厚起来。我想人们绝不会认为4%的利率可以招募军队、训练兵士，使他们强健英勇，可以征服别的国家，并能因夺得战利品而致富。这种利率也不能使我们从邻国借到比现在更多的钱，这是非常明显，无需任何证明的；主张4%的利率的人们也把它看成是不可否认的真理，并且用它作为他们的一个论据来说明降低利率对国家的好处，他们说外国人在降低利率时就会把他们的钱调回国去，这样可以减少我们付给他们的利息。对于最后一个增加我国货币的方法——发展贸易——减低利率的影响如何，我想我在前面已经讲过了。

近来我看到一本在今年（1690年）出版的小册子，标题是《致友人论利息书》；它简述了若干年以前一些赞成降低利息的论文里面的论据；我们不妨简单地讨论一下这些论据。

1. “高利率使贸易衰退。放款所得的好处如大于商业的利



① 格罗特是英国钱币名，合4个便士。在英文中格罗特的多数与燕麦片是一个字，所以这个疯人想把格罗特煮得大起来。——译者

润，会使富商们放弃贸易而把他们的资金用来放利，并使较小的商人破产。”

答——这种说法发表于1621年，那时利率是10%。英国在以前有过比那时更为繁荣的贸易吗？这留给那些研究过伊丽莎白和詹姆士一世时代日益增进的富强情况的人们去判断。我并不把高利率当做是这时富强的原因，我认为那是由于与利率完全无关的其他原因，这一点上面已经说过了。但是，如果有人在现在1690年利率是6%的时候，还认为这是应该降低利息的一个理由，我就要请那些认为可以利用这种理由的人指出有哪些富商放弃商业去拿资金放利了。

2.“我国利率是10%，而荷兰是6%，所以我们这个邻国的商人们的货价就低于我们。”

答——我国现在的法定利率是6%，而荷兰的利率则不受法律限制，我们邻国商人的货价之所以能低于我们，是因为他们生活得更为节俭和安于较小的利润。



3.“荷兰的利率比英国的利率低，所以他们对战争、宗教事业和国家一切费用所捐献的款项比我们的便宜。”

答——这番话需要一些解释。说捐献较大或较小，这我明白；说捐献较为便宜或较为昂贵，我承认我实在不明白。如果我们的战争和一切费用弄得没有他们那样便宜，那责任并不在利率的高低上。

4.“我国利率太高，以致妨碍了造船业；这门工业乃是我们岛国国力和安全的保证，而现在大多数商船都是在荷兰建造的。”

答——虽然由于我国已有法律禁止这种船只，因而这一理由已不存在，但是我愿意帮助该文作者提出另一个同样的理由。荷兰人买我们的菜籽，把它榨成油，再运回我国出售谋利。这也可以说是由于这里利率高而那里利率低吧。然而事实却是荷兰人勤劳节俭，他们甘心做报酬较低的工作，甘心以低于邻国的利润出售他们的产品，于是夺走了邻国的贸易。

5.“我国的高利率使得地价特低，所值不过 14 年或 15 年的年收益，而在利率是 6％的荷兰，地价却在 25 年的年收益以上。所以低利率能提高土地的价格。货币贵的地方，土地就贱。”

答——这一说法明显地承认除开利率以外，决定土地价格的还有别的东西，否则当利率是 10％时，地价应该相当于 10 年的年收益，而此文作者却承认那时地价相当于 14 年或 15 年的年收益。我们可以设想，他为了顾全他的假设，是绝不会把地价说得过高的。据他说，荷兰的利率是 6％，那么根据一般情况，地价应该是 16 年半的年收益，而他却说地价约值 25 年的年收益。曼里先生在第 33 页写道：“法国利率是 7％，好地卖价是 34 或 35 年的年收益，平常地卖价是 25 年的年收益。”所以从此得出的真正结论不是这位作者所作的结论，而是：决定地价的不是法定利率，而是其他的东西。我承认他的货币贵土地就贱和反之亦然的说法。但其所以如此是由于自然利率而不是由于法定利率。因为如果有良好的抵押就能以 4％或 5％的利率借到货币，那就说明货币在投入贸易中普通借贷以外还有富余。而当这种情况变得很普遍时，那就说明货币多于贸易所需的数额；这必然会使许多人打算购买土地，因而买地的人多于卖地的人，于是地价就提高了。

6.“当债权人不能在其他地方得到更高的利息时，他们大概

就不会收回他们所借出的货币。此外，他们的土地担保也将更好。”

答——有些没有本领和胆小的人将收回他们的货币；另一些人会把货币交到银行家的手里。而银行家和那些有本领的人将把钱留起来，不得到自然利率不放出，这一点我们在前面已经谈到了。但是减低利率如何能改善抵押情况，我承认这是我所不能理解的。

## 论提高我国铸币的价值

既然现在我们都在讨论利率和货币问题，让我趁这个机会再说几句也许不是完全不合时宜的话。我听见人们大谈提高我国货币的价值，要拿它作为保持我们的财富并使我们的货币不致外流的方法。我希望那些使用“提高我国货币价值”一语的人对于它的意义先有一些清楚的概念，然后再考查“它是不是真正能够达到它所要达到的目的？”

提高我国货币的价值有两个意义，不是指提高我们的货币的价值，就是指提高我们的铸币的名目。

提高货币或任何其他东西的价值，就是要使较少的货币或这种东西能换得和以前一样多的其他东西。假定五先令可以交换或者（如我们所常说的那样）买 1 蒲式耳小麦，如果你能使 4 先令买另一蒲式耳同样的小麦，那么显然你的货币的价值对小麦来说就提高了 1/5。但是能提高或降低货币价值的，只是货币的多寡和你用来与之相比或相交换的另一种商品的多寡和销路的比例。所以构成货币内在价值的白银和货币自身(不论在同一国家中或在不同国家中的印记或名目如何)相比,价值是不能提高的。因为1盎司白银,不论是便士、格罗特、克朗、斯泰佛、杜卡东[①]或生银,和任何另一盎司白银(不论印记或名目如何)都具有并且永远将具有相等的价值,除非人们可以证明某一种印记可以给这一批白银加添另一批白银所没有的新的或更好的品质。

这一盎司白银既与那一盎司永远具有相同的价值,所以这一种铸币和另一种铸币相比时,价值较大、较小或相等只是因为它所含的白银较多、较少或相等。在这一方面,你绝不能提高你的货币的价值。世界上大部分白银(无论是货币或银器)都是和某些较贱金属搀合的合金;纯银(即没有搀杂的白银)通常要比搀有较贱金属的合金贵一些。因为那些需要纯银的人(纯银指不搀其他金属的白银,需要这种白银的人是镀匠和拔丝者等等)必须根据他们的需要,除了对于这种白银的重量拿出含有同等重量白银的搀杂银子以外,还要对精炼者的技巧和劳力给予报酬。在这种情形下,纯银和搀其他金属的银子就被视为是两种不同的商品。但是我国或差不多所有其他地方都不用纯银来铸币,这件事与货币的价值毫无关系,所以在货币内,不管印记或名目如何,等量的白银永远具有相等的价值。

所以,在这种提高货币价值的神秘问题中,人们所能做的仅仅是改变它的名目,把过去根据法律规定只是1克朗的一部分的东



① 克朗是英国银币,等于5先令;斯泰佛是约值1便士的荷兰小银币;杜卡东是西班牙在荷兰铸造的银币。——译者

西叫做1克朗。例如，假定按照我们法定的标准，5先令或1克朗的重量应该是1盎司（现在就是如此，它的重量仅比1盎司少16格令[①]），其中有1/12是铜，11/12左右是白银，那么，使克朗获得价值的显然是银的数量。如果铸造出另一重量相等的克朗，拿出其中白银的一半而代之以铜（或其他混合物），那么人人都知道它的价值就会减少一半，因为混合物的价值是微不足道的。现在要提高这种克朗，从此以后我们的克朗都要铸得轻1/20，这只不过是改变名目，把昨天只是1克朗的一部分（即1克朗的19/20）的东西叫做1克朗。这样，你只是把19/20提高到过去20/20所具有的名目。我想任何人也不会那样愚蠢，会认为能把19格令或盎司的白银提高到等于20格令或盎司的价值，或者会认为19格令或盎司白银能在同时和20格令或盎司交换或买到同等数量的小麦、油或葡萄酒；这就是要使19盎司白银和20盎司白银的价值相等。如果19盎司白银能值20盎司白银，或者能买到20盎司白银所能买到的任何其他商品，那么18盎司、10盎司或1盎司也都能这样做。因为，如果减少任何铸币中的含银量的1/20而能不减低铸币的价值，那么减少任何铸币中含银量的19/20也就不会减少它的价值了。于是一个3便士的铸币或一个1便士的铸币被称为一个克朗，就可以买到一个克朗（它包含的白银数量为这3便士币或1便士币的20倍或60倍）所能买到的香料、丝绸或任何其他商品了；这是非常荒诞不经的事，我认为任何人都能看得出，不会相信它。

① 格令是英国重量单位名，等于一金衡磅的1/5760。——译者

提高货币价值或者对较少量白银给予较大量白银的印记或名目的做法有两种：

1. 提高某一种货币的价值；

2. 同时按比例地提高一切银币的价值；我想现在人们所提议的就是这一种做法。

1. 提高某一种铸币的价值，使之超过它的内在价值的做法是：铸造某种铸币（这种铸币与其他种铸币本来有一种比例）时，使其含银量少于它所承当的货币价值所要求的含银量。

例如，我国1克朗值60便士，1先令值12便士，1特斯特值6便士，1格罗特值4便士，于是这些铸币中白银的比例应该是60、12、6和4。如果在铸币厂中铸造格罗特或特斯特时，使用与其他货币相同的合金，但重量只为原来的2/3，或者重量相等、但是改变了合金的成色把现在标准所要求的白银量的1/3换成铜，并且用法律使这种新铸币按原来价格流通（其他银币仍然保持现在的重量和成色），那么显然这种新铸币就被提高了1/3；那作为6便士流通的铸币里面只有4便士的白银；这等于用法律来使一个格罗特作为6便士来流通，或者使6便士作为9便士来流通。这的确是提高了这些种铸币的价值，但其实只不过是铸币厂铸造了剪损的货币；这种劣币或轻币对每一个收受它的人是一种欺骗；在国家强使他当做合法的通货收受下来的货币中，他少得了国家应当使他得到的实际价值的1/3。我认为这样做除了使国内铸币者能够用合法的货币来欺骗人以外，还有一种不可避免的大害处，就是它使外国人能够不用任何商品就拿走我国的货币。因为如果外国人发现2便士重量的白银标上某种印记在英国就可以等于标着另一种印记的3便士重量的白银，那么他们一定会铸造有这种印记的货币，然后把这种劣币输入英国，以2便士换得3便士，很快就用铜或者仅仅是铸币费换走我们的白银。

在任何国家内，只要货币中有某一种与其内在价值不相适应（即这种货币的含银量和该国其他货币的含银量不相适应），这种现象就是不可避免的。允许任何劣币流通，都必然要带来这种害处；法国国王虽然那样小心谨慎，也不能避免它。因为他虽然下令使他的4索耳币15枚在法国内地的一切支付中等于一个法国克朗（20枚这种4索耳币所含的白银也没有一个法国克朗多，可是15枚4索耳币却被当做一个法国克朗来流通），但是他不敢让这些货币在他的沿海市镇中流通，因为他怕这会造成从外国输入这种货币的机会。然而这种预防并没有起作用，这种货币仍然从外国输入了。法国因此受了很大的损失。于是他不得不改变这种做法而使这些货币接近它们的内在价值。这样一来，很多手里存有大量这种货币的人就损失了很大一部分财产，而每一个有这种货币的人都相应地受了损失。

如果我们用法律强使那些比规定标准少1/3白银的格罗特或6便士币在我国流通，并且使它们与我国其他各种货币等值，谁能想象我们的邻国会不立刻把这种货币大量输入我国，使我们受很大的损失呢？每一个或每一种铸币中的白银的数量，就是决定它的实际和内在价值的东西，所以应该使每一种铸币都保持着法定的含银比例。而每当改变这种比例的时候，那只是一种应付临时局面的把戏，但是凡是玩弄这种把戏的国家，是一定要受到损失的。

2. 另一种提高货币价值的方法是同时提高一切银币的价值，这样 1 克朗、1 先令和 1 便士彼此之间的比例仍然保持不变(也就是说就标准含银量而论，1 先令将仍然等于 1/5 克朗的重量，1 便士仍然等于 1/12 先令的重量)，但是它们之中每一个都比过去减少 1/20 的白银。

如果使每一种货币都比过去少 1/20 的白银，从而像人们所说的那样提高一切货币的价值，使全部货币都比过去轻，那就会有以下的一些后果：

1. 这会使一切债权人损失 1/20(或 5%)的债权，使所有地主都永久损失他们的免役租[①]的 1/20，并且在其他一切租金方面(在他们过去所订的合同的有效时间内)损失他们的年收入的 5%。而这样做对债务人或农场主也无任何好处。因为在他们出售土地或商品时，按这种较轻的新币计算所得到的英镑，并不比按较重的旧币计算多，所以他们没有什么好处可言。如果你说：是的，可是他们按新币出售他们的土地或商品比仍旧按旧的标准货币出售时，却能得到更多的克朗、半克朗和先令，那你就是承认你的货币并没有提高价值，而只是提高名目，因为新币的重量方面的亏缺一定要由数目来补足。但是不论如何，公众肯定不会由此得到好处(而大多数人认为只有使公众受益才是改变现有法律和打乱事物常规的理由)。不仅如此，我们还会逐渐看到，这将使国家担负很大的费用并遭受很大的损失。有一件事是一眼就可以看出的，那就是在一切根据已往合同而进行的支付中，如果货币的价值实际



① 封建时代为避免徭役而缴纳的租税。——译者

被提高了，那么收款人都要损失 5%。因为人们放款、订立租约和其他契约是在货币重量和成色与现在相同的时候进行的，他们相信在镑、先令和便士的同一名义下仍将得到相同的价值(也就是相同数量的白银)，如果现在把这些货币的含银量都减少 1/20，那就等于从这些人手里拿走他们应得的东西的 5%。

当人们到市场用这种较轻的新币买其他商品时，他们会发现 20 先令新币所购买的其他商品并不多于过去的 19 先令。因为使任何一种铸币具有价值的不是名目而是白银的数量，19 格令的白银，不论你给它什么样的名目或印记，你都不能使它买到 20 格令白银所能买到的任何其他商品，也不能使它值 20 格令白银或作为 20 格令白银使用，就像 19 先令不能做 20 先令使用一样。如果有人认为名义上的 1 个先令或 1 个克朗的价值，是来自它的名目而不是来自它的含银量，那么就让他试试看：此后就把 1 个便士叫做 1 个先令，或把 1 个先令叫做 1 个克朗，我相信什么人也不愿意在自己收取债务和地租时接受这种货币。尽管法律是这样地提高了货币的价值，可是接受新货币的人却预见到自己在头一种情况下将损失货币价值的 11/12，而在后一种情况下将损失 4/5；他会发现他所得到的新先令(其中的白银不过是过去先令含银量的1/12)只能使他买到 1/12 旧先令所能买到的小麦、毛呢或葡萄酒。所谓把克朗提高到 5 先令 3 便士，或者(其实是一回事)使克朗在白银重量方面轻 1/20，情况就是如此。唯一的区别是 11/12 的损失太大，每一个人一听见这种提议就立刻觉察到而且憎恶它，而在另一情况下，损失只是 1/20，并且有提高我国货币价值这种骗人的说法的掩护，所以人们不能很快地觉察到它。如果用这种方法在这

一星期把一克朗提高 1/20 对于我们有好处，我认为在下一星期再把它提高 1/20 也同样有好处。因为没有理由说在下星期或更下一星期再把它提高 1/20 没有好处。这样一来，你只须继续 10 个星期，在明年元旦时你就会把半克朗全都提高成 1 克朗，结果除了使一切事务都陷于混乱以外，还会使要收回债务和收到地租的人损失一半收入，使国家损失一半收入；并且，如果你乐意继续实行这种提高货币价值的有利方法，你也可以靠这同一手法把一便士重的白银提高成一个克朗。

白银（即不搀合其他金属的纯银的数量）构成货币的实际价值。如果不相信，那么就把黄铜以同样的印记和名目铸成货币，看一看它是不是会有同样价值。我认为你的印记并不能使它的价值高于爱尔兰的铜币（它只能与它的铜的重量相等）。那种货币由于以高于铜价的价值流通，使爱尔兰受了很大的损失。但是我相信损失最大的人是那以自己的权威使这种货币按这种价值流通的人。



你也许会说，如果决定货币价值的是白银，那么何必还付出铸币的费用呢？难道人们不可以根据白银的重量来交换其他东西、订合同和记账吗？可以这样做，但是它有下列不便之处：

1. 我们如对每一个人支付款项时都要称银子，那将是非常麻烦的，因为人人都必须在自己口袋中带着天平了。

2. 天平本身还不能解决这个问题，因为并不是每个人都能分辨纯银和搀杂的银子；即使他得到足够的重量，他却不能知道他是不是得到足量的白银，因为也许有某些较贱金属搀合在内，而这是他不能看出的。那些负责管理社会政治事务的人之所以采用铸币，就是为了补救这两种不便之处。印记是对公众的一种保证，它说明在某一种名目下，人们会得到一块一定重量、一定成色的白银。伪造印记之所以被定为与叛国罪相等的最大罪行，原因就在于印记是内在价值的公共保证。国家机关制定印记，法律批准和肯定名目，这两者合在一起就好比公共信用做了保证，说根据这些名目约订的金额应该有那样的价值，也就是说，在里面要有那样多的白银，因为偿付债务和购买商品的是白银而不是货币的名称。所以，如果我在法律要求每一个克朗应该有 1 盎司白银时订立了 20 克朗的合同，而在别人偿还我 20 克朗时，法律又规定这些克朗的含银量只为原来应有的和实有的 19/20，那么肯定我的交易是吃了亏，我也受了骗（至于公众是否对我失了信，我留待大家考虑）。

而且，这样做也会使国家一切收入减少 5%。因为虽然人们对国库缴了和过去一样多的镑、先令和便士，然而现在具有这些名称的铸币的含银量已经比过去减少了 1/20。这既不是可以瞒过外国人的秘密，也不是可以瞒过自己臣民的秘密。在提高货币价值以后，他们再向你出卖松脂、柏油或大麻时，你给他们 20 先令，他们只给你以前 19 先令的东西；或者用日常的话说，你把你的货币价值提高 5%，他们也把他们的货价提高 5%。如果他们就止于此，那还算是好事。因为在发生这种变化时，人们总是大叫大嚷，那些和你做生意的人就要利用这种惊慌的机会，把他们的价格抬得比你降低铸币成色的程度还要大些，以便不致由于你的新办法而受到损失。

我听到人们埋怨两件麻烦事，建议用这种办法来补救它们。

一件麻烦事是有人把我们的铸币熔化掉；另一件是把我们的生金银带走。我恐怕我们确实有这两种麻烦事，但是靠所建议的改变货币的做法绝不能消除或者防止其中任何一种。

首先，毫无疑问，我们的货币确实有人熔化。这显然是由于铸币费低廉而造成的。由于我们用酒税支付这种铸币费，所以各货币所有者不出一文钱。100盎司铸成货币的白银和100盎司标准的生银对于所有者说来价格是相同的。有银子的人把他的银条送给铸币厂，就可以不花一点费用而得到有同样重量白银的铸币。所以，当他需要使用生银的时候，他熔化我们的银币和他向国外购买生银或以其他货物交换生银是一样的。这样我们铸币厂的工作是徒劳无益的，唯一得好处的是那里的官员，而出费用的却是公众。然而这并不能使英国少一分一毫货币，和不如此做并无两样；这只是使人们把本可以不去铸币的，也许本不会运到我国来的白银拿去铸币而已。这些本来不是贸易顺差带来的白银，根本就不能继续留在国内。能使我们的货币保留在国内的，并不是任何一种铸币，而完全要靠贸易的差额。即使查理二世和詹姆士二世时代的全部货币都是根据这种新建议铸造的，那种提高的货币也会和其他货币一样地流失，而剩下的既不会比现在多也不会比现在少，虽然我绝不怀疑铸币厂在那时会铸造出和我们现在用铸币机铸造的一样多的货币。简单地说，与西班牙贸易的顺差带来了生金银，当生金银来到我国时，低廉的铸币费会使它们被送到铸币厂去造币，但是，如果在其他贸易中输出不能够抵消输入，那么白银总会再流出去，不论是已铸成货币或未铸成货币。因为当我们不能以商品来支付我们所消费的商品时，就必须用白银来支付。

情形确是如此，这可以由铸币厂的账簿中看出，在那里我们可以看到这两个朝代中究竟铸了多少用铸币机铸造的货币。我手头有的一篇文章（想必是一个并非完全不了解铸币厂情况的人写的），承认在若干时间以前日常支付中有 1/3 是用铸币机所铸造的货币进行的，可是现在却不到 1/20。那么，它确是流失了，但是任何人也不要误以为它之所以流失，是因为在我们现在的铸币情况下，缺 16 格令上下的 1 盎司白银被定为 1 克朗，也不要误以为（就像现在有人提议的那样）把缺 40 格令上下的 1 盎司白银铸成货币并且称之为 1 克朗，就可以防止这种流失，或者（如果我们的货币被如此改变的话）在将来可以把它们保留在国内。随便你用多少白银铸成一块货币而称之为一个克朗，只要货币要流出去偿付我们的外债（如果没有外债，它就根本不会流出），被输出者熔化或照原样运走的总是我们的重币（即根据铸币厂标准与其名目相适应的货币），不论法律把每种货币规定得大一些或小一些，情形都是如此。因为当铸币费完全由一种税课支付的时候，不论你的货币大小如何，那些需要把生金银送到海外去或需要白银铸造银器的人，只要把银币拿来熔化就可以达到目的；他这样做毫不费钱，就像它是西班牙的 8 里尔银币或其他从海外来的银币一样；那种可以做银币的重量的良好保证的印记本来不花他一个钱。

也许有人会说，如果使用铸币机铸币以后，货币仍是常常被人们熔化，那么最好还是回到我们过去用锤子铸币的老法子。我的回答是：绝不能这样，因为：

1. 用锤来铸币更不能保证大部分货币不被熔化。因为用这种办法铸币，货币的重量更不均等，有的太重，有的太轻，那些会找便宜的人就会挑出重币来，把它们熔化掉而获得好处。

2. 用锤铸币使我们更容易遭受伪造货币的危险。这种造币法使用的工具容易做、容易藏，而且进行工作所需的人手较少，发出的声音也比铸币机小，所以制造伪币者不容易被发现。

3. 这种货币不圆，不平整，印记不那样清楚，并且钱边上也没有花纹，所以容易被剪毁，用铸币机铸造的货币就不这样。

因此，用铸币机铸造的货币肯定最有利于公众。但是，不论这种货币被熔化的原因是什么，我也看不出某些人所谓的那种提高货币价值的方法如何能使它们不被熔化。把克朗铸得轻 1/20，怎么能使它们不像现在一样地为人熔化呢？正像我们已经说明的那样，白银的内在价值并没有改变，所以使人们熔化它们的诱惑力还是和过去一样的。

“但是它们轻了 1/20。”这并不能使它们不被人熔化。因为半克朗币要轻一半，然而人们还是一样要熔化它。

“但是它们在同一名目下重量较轻，所以人们不会熔化它们。”如果同时有现在的克朗——即重量没有减低 1/20 的克朗——作为克朗流通着，那么这种说法就是正确的，因为那时人们不会熔化这种新的轻克朗，正像他们不会熔化那种被剪损的旧克朗一样。但是我们不能认为，人们会按较轻的新币的价格花出他们的较重的旧币，也不能认为当旧币在铸币厂中可以换到 5 先令 3 便士的时候，人们会把它们按 5 先令花出去。可是，如果一个用铸币机铸造的旧克朗值 5 先令 3 便士，而一个用铸币机铸造的新克朗（它轻一些）按 1 克朗流通，那么，请问熔化这一种和熔化那一种有什么分别呢？这一种少 1/20 的白银，所以少值 1/20，因此就重量说，熔化二者都是一样的。如果熔化这一种方便有利，那么熔化另一种也同样方便有利，这正像熔化用铸币机铸造的半克朗和用铸币机铸造的克朗同样有利一样，因为前者虽然含银量少一半，然而价值也只是一半。当货币都被改为新比率(即都轻 1/20)、而商品也相应地增价的时候，有什么东西可以使货币在那时不像现在这样容易被人熔化呢？如果那时铸造一个克朗和现在一样，都是不收费的，那么(不论它重量如何)，它也会和现在一样，只值同等成色生银本身的重量。因为铸币费是造成这种区别的唯一因素，既然不收取铸币费，还有什么东西能造成价值的区别呢？所以，不论什么人需要生银，他就可以把这些新克朗熔化掉，正像用它们来购买生银一样，毫不多费钱。因此，只要免费铸币的法案继续有效，提高货币的价值并不能使货币不被熔化。

其次，提高货币的价值更不像人们所说的那样能够阻止生金银出口。不论对国内的白银给予什么名目或印记，那既不能使白银在英国有更高的价值，也不能使它在国外不被人重视。在交换时，多少白银永远值多少白银(正如已经说明过的那样)。当我们的铸币厂对较少的白银给予较高的名目时(如当 1 盎司的 19/20 的白银被给予那种原来只属于 1 盎司白银的克朗名称时)，那并不能使白银相对于任何其他商品而言的价值有丝毫的提高。



我们把银铸币的名目提高 1/20 即 5%，别人很快就会把他们的商品价格提高 5%。所以假定昨天 20 克朗可以换 20 蒲式耳小麦，或 20 码某种毛呢，如果你今天把流通的克朗铸得轻 1/12，并且把它们当做标准，那么，你会发现这 20 个克朗只能换到 19 蒲式耳小麦或 19 码那种毛呢，结果还是多少白银换多少小麦，和昨天毫无两样。所以对较少的白银给予较高的名目，并不能增加白银的实际价值，这样做和什么事情都没有做一样，既不能使生金银流入我国，也不能把它们保持在国内。如果不是如此，那我们倒应该感谢那些剪毁货币的人，说他们(像某些人很愚蠢地想象的那样)能够把货币保持在国内了。因为如果给较少的白银保留着旧名目就是提高货币的价值(那种减轻我们货币重量的计划，实际上就是如此，也只能是如此)，那么剪毁货币的人在这方面已经做得足够了。如果这些人的行业按照近来的情况再继续一些时候，而我们的货币又只是被熔化和带出国外并不再加以补充，那么，在我们的全部流通货币都被剪损，都被搞得比标准轻 1/20 以上而仍然保留着它的原来名目时，我们的货币就可以不必花铸造新币的费用，而被这些骗子手提高 5%以上。



可能有人提出反对意见，说我们知道比原来标准轻 5%以上的 100 镑被剪损的货币，仍然能和 100 镑没有减轻重量的铸币一样买到同样多的小麦、毛呢或葡萄酒，所以我的说法显然没有根据，使货币获得价值的不是白银的数量而是它的印记和名目。我的回答是：人们根据标准货币估价和订立合同，是预计在将来仍能收到重量十足的合法良币，并且当他们收到现在国内流通的货币时，他们也确实达到了这种目的。因为 100 镑被剪损的货币既然可以和 100 镑最重的铸币同样偿付 100 镑债务，而一个新出铸币厂的克朗所买的肉、水果或毛呢并不比 5 个被剪损的先令多，那么显然在购买国内商品时它们的价值是相等的，同时人们也就毫不怀疑地把 5 个被剪损的先令当做是一个足重的用铸币机铸造的克朗。但是，当我们改变我们的铸币，并且(像人们所说的那样)在铸币厂内把它铸得轻 1/20 的时候，情形就完全不同了。那时谁也不会拿一个旧标准的老克朗来和一个新克朗相交换，就像人们今天不会用 5 先令 3 便士来换一个克朗一样，因为那时他的旧克朗在铸币厂内就会值 5 先令 3 便士。

只要被剪毁的货币和未被剪毁的货币能够随意互相交换，它们就能购买同样多的其他东西。这就使来我国出售货物的外国商人总是相信我国货币的价值，认为其中有足够的白银，并且根据铸币厂的标准来估计白银的数量，虽然由于其中有被剪损或磨损的货币，一般收到的金额也许比标准轻得多，因而里面所有的白银量比新从铸币厂铸出的相同数目货币里面的白银少。只要被剪损的和足重的货币可以彼此交换，外国商人就完全不必管自己所收到的货币是不是被剪损的货币，只要它们是流通的货币就行了。因为如果他要在我国购买其他商品，无论金额多少，被剪损的货币和足重的货币是一样通用的。如果他要把出售货物获得的现款带走，他可以很容易地把被剪损的货币换成足重的货币，这样他不但得到所订合同中约定的金额，并且他的货物也确实卖得了他所预期的合于铸币厂标准的白银量。如果我们的被剪损的货币太多，使外国商人在想换足重的货币时不容易换到，使他们在卖完自己的货物、收到被剪损的货币以后难以获得应得的白银量，他们在出卖货物时就要或是在合同中言明要用足重的货币来支付价款，或是根据流通铸币中白银减少的程度提高他的货价。

在荷兰，杜卡东是最好的货币，也是最大的铸币；在以前，这种货币和其他货币完全一样地流通着，人们对于它们并无所轩轾；到了最近，由于大量地以较贱的合金铸造其他各种货币，杜卡东变得

比以前稀少了(或是由于被熔化,或是由于被输出),人们很难把较劣的货币换成杜卡东;从此没有人肯用杜卡东来偿还债务,除非他能得到百分之点五以上的贴水。

要了解这一点,我们必须注意这一事实:在荷兰,人们通常是用基尔德这一单位来作为计算和订合同的标准的,在过去一个杜卡东换3个基尔德和3个斯泰佛,也就是换63个斯泰佛。后来(在若干年前)荷兰开始铸造另一种被称为3基尔德币的货币,让它作为3个基尔德或60个斯泰佛流通。但是21个这种3基尔德币(它们本是要值63基尔德的)却没有20个杜卡东(也值63个基尔德)中所含的白银多,因此,杜卡东不是被人们在铸币厂内熔化(以便制造那三基尔德币或更劣的钱币来图利),就是被外国商人带走;那些外国商人在以现钱形式带回自己出售商品所得时,一定要人们以杜卡东来偿付他们约定的价款,或者把他们收到的他种货币换成杜卡东,这样他们带回国的白银就能比带回三基尔德币或其他货币更多些。于是杜卡东日少一日,以致今日要求付给自己杜卡东的人,不得不贴水0.5%。所以当商人现在在荷兰出售货物时,他们或者是讲明要以杜卡东作为支付手段,或者是在以一般基尔德订约时(那时人们当然要付给他们较劣的货币)相应地提高货物的价格。

我们从邻国的这一事例中,可以看出我们的新铸币是如何流到国外去的。当我们的输出不能抵补输入时,我们肯定就要在国外负债;在我们不能提供商品,或外国不要我们的商品来抵补这种债务时,我们就必须用货币来偿还债务。当我们的商品不能在国外获得金钱时,要想在国外有钱来偿付我们债务,那只有把我们的货币送往那里去。由于重币在国内并不比轻币更值钱，而我们的货币在国外又是完全根据它所含的银量定值的，所以不论我们送走硬币或者在国内把硬币化成银块再送走(送走银块更安全，因为这是法律所不禁止的)，首先流出的肯定是最重的货币。但是当我们的货币被剪毁的太多，或足重的货币被运出国外的太多，以致外国商人或他们在我国的代理人，不能使人们用重币来偿付他们的货款或不容易把货款换成重币的时候，也就是到了人们不再把5个被剪毁的先令当做是一个足重的克朗的时候，每一个人都会知道购买商品和偿付债务的是白银的数量而不是加在白银上面的印记或名目。到了那时，人们也就会看出剪毁货币对于公众是一种什么样的强盗行径。我国货币的正当重量每减少一格令，国家就要受一格令的损失，这种损失迟早一定要被感觉到的；这种行为如果不加以注意和迅速制止，在现在的情况之下，我恐怕它不久就将爆发出很坏的后果来，并且一举使我们损失很大一部分货币(也许接近1/4)。因为到了被剪毁的货币增加到使人们难以得到重币的时候，到了人们开始对重币和轻币给予不同的估价，不得到重币不卖货物并据此订立契约的时候，总会出现这种情况。

如果情况真到了这种地步，让乡绅们考虑一下他们的地产会受到什么样的损失。当这些绅士们根据他们所订合同的数目而收到以被剪毁的先令交纳的地租时，他们在市场上只能按这些货币的重量花用它们。那些向他们卖盐或丝绸的人对他们讲价时说：以足重的铸币偿付货款时要5先令，以剪毁的货币偿付时非5先令3便士不卖。在这里我们可以看到我们的货币并没有用什么铸币的新把戏就被提高了5%。但是这样做对于英国是否有利，让大家自己去判断吧。

到现在为止,我们只考虑了提高银币价值的问题,考虑的只是用较少的白银铸造同一名目的银币。此外,还有一提高货币价值的方法,这种方法还有一些现实意义,虽然它和前者一样并没有什么好处。我们现在既然谈到提高货币价值的这一问题,也不妨把它略谈一下。我说的这种提高,就是用法律把通常铸币所用的两种贵金属中任何一种提高到它相对于另一种而言的自然价值以上。在几乎所有使用货币的地方和几乎所有的时代里,金和银都被认为是铸造货币的最适当的物质。但是,世界上这两种金属的多寡极不相同,黄金比白银贵重得多,一盎司黄金总是可以交换若干盎司白银。现在我们的几尼币值 21 先令 6 便士银币,黄金价值大约是白银价值的 15.5 倍,因为 21 先令 6 便士银币中的白银大约比一个几尼中的黄金重 15.5 倍左右。这就是现在金银的市场比价;如果通过一条法律把几尼币的价格提得更高(例如提到 22 先令 6 便士),那么几尼币的价值的确是提高了,但是英国却要受到损失。因为根据这条法律,黄金比它的自然真正价值高 5%,外国人就会发现值得把他们的黄金送到这里来换走我们的白银,这样他们可以得到 5%的利润,而我们要受 5%的损失。当一定数量黄金在其他地方只能买到 100 盎司白银,而在英国能买到 105 盎司白银的时候,有什么东西能够阻止商人把他的黄金带到这样一个好市场来呢?在这里他们把黄金卖给铸币厂可以得到很大的好处;他们也可以把它铸成几尼币,然后带着他们的几尼到市场上购买我们的商品以获取 5%的利润,或者把它们变为白银随身带走。

另一方面,如果用法律提高我们的银币的价值,使四个克朗或

20 先令等于一个几尼(我想几尼当初就是按照这种比价铸造的),因而根据法律一个几尼只值 20 先令,那也会有同样的害处,因为这时黄金在我国的售价将低于任何其他地方,外国人就会带来白银而弄走我们的黄金。

如果说不必担心这种害处,因为当人们发现黄金开始减少,或者发现黄金比法定价值高的时候,人们就不肯按法定比价换出黄金;例如詹姆士一世时代所铸 20 先令的大币,现在根据市价谁也不肯以少于 23 先令的价值将其花用出去。我承认这是事实,但是这也显然承认制定一条不能产生预期效果的法律是愚蠢的;的确,要把白银相对于黄金的价格提高到它的自然市场价值以上,那是不可能的,因为那时黄金的价格也会自然而然地提高。另一方面,如果我们要用一条法律提高黄金的价值,那么人们就不得不按那种高价收黄金,而按一种低价拿出他们的白银。假设我们要提高我们的白银对黄金的比价,就可以定出一条法律来这样做,那么结果将会怎样呢?即使我们的法律有效,其结果也不过是,白银的价值越高,黄金的价值就越低(因为它们正像放在天平上的两件东西,这一边越高,那一边就越低),那时我们的黄金就会被带出英国,使英国遭受显著的损失,法律把白银的价值提得越高(也就是把黄金的价值贬得越低),我们的损失也就越大。如果我们提高黄金对白银的比价,也会发生同样的后果。

我说提高白银对黄金的比价和黄金对白银的比价,那是因为当我们要提高货币价值时,不论我们怎样想,都是相对于与货币相交换的某种东西而言的。只有当我们能用较少的铸造货币的金属换得更多的这种东西时,我们才能提高货币的价值。

的确，提高这两种金属中一种对另一种的比价的效果和不良后果，在提高金币时比提高银币时更容易也更快地被觉察到，这是因为我们的账目和日常计算都是以镑、先令和便士为根据的，而这些都是银币的单位；如果把黄金的价格提到这两种金属的自由市场比价以上，每一个人都可以很容易地看到它的不利之处。但是，既然有这样一条法律，你就不能拒绝对黄金付出这样多的银币。于是人们从我国带走的一切货币和生金银必然都是银币或生银，而带进英国来的货币或生金银必然都是金币和生金。当我们提高银价、贬低金价，使它们的比价与真正的自然比例（我把没有法律规定的金银之间的比价称为自然比例或自然价值）不相适应时，也会发生这种情况。那时运进来的将是白银，而运出去的将是黄金；这仍然会使国家受到损失，法律把银价提得越高，损失也就越大。只要人们一感到这种弊病，那么不论如何，人们也将把黄金提高到它的自然价值。因为我们的账目与交易都是以银币为单位的；如果当黄金被法律提到高于它的比例时，我们不能拒绝接受黄金（好像法律把一个几尼定为按 22 先令 6 便士流通那样），那么，我们只好按照这种比价接受它。但是，如果法律把几尼定为按 20 先令流通，那有几尼的人可以不必按这种比价花掉它，他可以把它存起来，或者（如果他能够的话）把它按高价花出去。然而这种法律必然会产生下面的情况：或者是法律强制人们按照 20 先令的价格使用几尼币，从而使外国人坐收渔人之利；或者是人们把几尼币收起来，不肯按法定价格花用它们（因为他们知道几尼的实在价值比法定价格大），这样一来，我们的一切黄金就都闲置起来，对于贸易没有用处，正和完全流出英国一样；或者是几尼以超过法律规定的价格流通，这条法律毫无意义，还是不定的好。不论出现哪一种情况，都证明这种做法不是有害的就是无效的。如果制定法律的意图实现，英国将遭受损失；如果人们感到并躲避了这种害处，那么这条法律又等于一纸空文。

货币是商业的尺度，是一切东西的价格的尺度，所以应该（像其他一切尺度一样）尽可能稳定不变。但是，如果货币是由两种金属铸成的，而它们彼此间的比例因而它们的价格又经常变动，那就不能稳定不变了。由于许多原因，白银是一切金属中最适宜做这种尺度的，所以人们总是拿它当做货币使用。但是，如把黄金或任何其他金属以一种固定不变的比率也规定为流通的合法货币，那就很不适当、很不方便了。这就是要用法律把各种东西的不断变动的价值给规定出一个比率来，这根本是不可能的；即使它能够有效，它也要像我已经说过的那样，使实行它的国家经常地遭受损害。假设现在金银之间的精确比价是 15∶1，什么法律能够使这种比价永久如此，使它在明年或 20 年以后仍然是金对银的公平价值，并且使 1 盎司黄金永远正好值 15 盎司白银，不多也不少呢？东印度的贸易带走了大批黄金，这可能使欧洲的黄金减少。也许几内亚贸易和秘鲁的金矿提供了更多的黄金，从而使黄金大量增加；所以黄金对白银的比价在上一事例中可能变成 16∶1，而在下一事例中变成 14∶1。当我们周围的其他一切地方都是这种情况时，我们这里怎么能以法律来改变这种比例呢？当我们邻国中自由市场的比例是 16∶1 的时候，如果我们的法律把它定为 15∶1，那些国家会不把它们的白银送来买走我们的黄金、使我们受 1/16 的损失吗？或者是，当荷兰、法国和西班牙黄金对白银的市场比价

只是14∶1时，如果我们把它定为15∶1，它们会不把它们的黄金送到这里来拿走我们的白银、使我们受1/15的损失吗？只要我们兼用金银作为货币并且用法律规定它们的比价，这种结果就是无可避免的。

那么怎么办呢！（你是准备说）我们不愿意让黄金进入英国吗？或者黄金已在英国，我们不愿意让它对贸易有用吗？绝不能有黄金铸的钱币吗？我回答道：恰恰相反。我国应当利用自己所有的财富。我们的黄金必须被铸成上面有国王印记的货币，以便当人们收到它时能知道每一块中有多少黄金。但是用国家权威来为黄金规定一个固定价格则没有必要；黄金对白银的比价经常变动，使它有一个固定价格是不方便的。让黄金和其他商品一样取得其自身的价格吧。当金币上面有国王的肖像和说明文字，因而带着一种重量和成色的公共保证时，这样铸成的金币永远会和我们任何其他货币一样以通常的市价流通。20几尼币，虽然最初是预备作20镑流通的，现在却像任何其他货币一样值21镑10先令，当比价变动时，有时还值得更多。任何东西的价值或价格，都只是它相对于与之相比较的另一种东西而言的估值，所以只有通过它和另一种东西交换时需要付出的数量才能为人所知。自然界任何两种东西的比例和用途总是要变的，所以不可能在它们之间规定一种固定不变的价格。假设在市场上（我指的是可以通过贸易得到这两种东西的普通地方）或是真正的用途或是地方风气的改变使两种东西中某一种比过去有了更大的需求，那么数量的增加或减少就会很快改变它们之间的比价。要使两种不同物品的相对价格经常保持不变，正像要使两种由于不同原因而重量不同的

东西保持平衡一样，是徒劳无益的。把一块海绵放在天平的一个盘上，把一块重量完全相等的白银放在另一个盘上；如果你因为它们现在是相等的，就认为它们将永远相等，那你就大错了。海绵的重量随着空气中水分的变化而改变，放在天平那个盘上的白银将有时候高有时候低。金银之间的比价，情况正是如此。它们的比例或用途可能发生变化，不，的确经常发生变化，它们的价格也会随着这种变化而变化。因为其中一个既由另一个来估价，它们就好比是放在天平的两个盘上，一个高起来另一个就低下去，反之亦然。

因此，那种由较贱金属铸成的法辛也值得我们研究一下。因为不论什么货币，只要我们把它提到它的内在价值以上，那都会使公众受害（不论是谁得到它）。但是在这里我不预备对这一问题作更仔细的研究，我只想肯定地说：对于任一国家都有利的事情是：以同一种金属来铸造本国的全部流通货币，各种硬币都用同一种合金铸造，哪一种也不用较贱的合金，并且标准一经确定就应该永久不变。因为只要改变这个标准，不论用什么借口，结果都必然是公众吃亏。

既然提高货币价值的做法不能给我们带来更多的货币、生金银或贸易，也不能为我们保持国内已有的这些东西，也不能使我们的重币（不论是哪一种名目）不被熔化，那么，我们为什么要付出重铸一切货币的费用呢？我认为任何人也不会说我们应该同时有两种货币，一种重一些而另一种在出铸币厂时就轻一些；这是不能想象的。所以，如果一定要把我们的全部旧货币重铸一遍，那只是有利于铸币厂的官员，而且是对他们非常有利。因为每铸造一镑白银的货币，他们就得到3先令6便士(应该是16.5便士)，这差不多是5.5%了；假定我们的货币是600万镑，并且必须全部重铸，这就使我国在造币厂中要消耗33万镑铸造费。即使被剪损的货币可以不必重铸(因为它已经和我们的新标准一样轻)，那也得用13万镑；你能不承认这种新铸币的办法是和剪毁的性质相同吗？

有些人(其中也有些很聪明的人)认为货币和铸币是特别神秘，非常难以理解的事情。其实它本身并非如此，它之所以如此，只是由于那些有利害关系的人讨论它的时候故弄玄虚，他们以一种神秘、模糊和不可解的说法，来掩盖起他们所利用以得好处的秘密；而人们又因为有这是个困难问题的先入之见，竟认为这是一种除去有本领的人以外别人难以了解的问题，于是就对这些说法不加研究而听其流行了。如果人们仔细探讨一下这些说法，研究它们的措辞有什么意义，他们就会发现它们大部分不是论点不真实，就是推论错误，或者是(这种事情时常发生)措辞根本没有什么明确意义。如果没有这一套东西，而是把问题用寻常的爽脆语言表达出来，那问题的平易、真正的意义将是非常容易理解的。

我要研究一本关于这一问题的出版物(标题是《评献给上议院……的一篇论文》)来说明这种情况。

原书："哪里白银最值钱，人们肯定就要把白银带到哪里去卖；如果在铸币厂中每盎司标准白银可以换得现在通行的英国货币5先令5便士，而在其他地方只能换到5先令4便士，那么人们肯定要把白银送到铸币厂；并且当铸成货币时，就不能以可以买到其他银器的价钱出卖(因为每盎司有1便士的溢值)，所以人们不会熔化它；至少输出者购买银器输出比购买货币输出更为有利；可是现在他购买货币输出比购买银器输出更为有利。"

答:这位作者应该把话说得明白一些,为什么"在铸币厂中每盎司标准白银可以换得现在通行的英国货币 5 先令 5 便士,而在其他地方只能换到 5 先令 4 便士"呢?为什么"每盎司有 1 便士的溢值,所以当铸成货币时,不能卖掉"呢?对于一个平常的读者来说,这些话显得非常神秘;我觉得也实在是神秘,它要不是根本没有意义,就是完全站不住脚。因为:

1. 我要问一下,当人们对一盎司标准白银只肯付给 5 先令 4 便士的时候,是谁肯在铸币厂内对它付给 5 先令 5 便士呢?这个人是国王、是工头还是官员呢?付出 5 先令 5 便士来买只能卖 5 先令 4 便士的东西,就是多给那种东西所值的 1/65。每一种东西值多少,它就只能卖多少钱。我看不出这样做对国王有什么好处,也看不出有什么别人能够这样做。

2. 我要问一下,如何可以使每盎司有一便士的溢值,"所以它不能卖掉"?这番话神秘得使我认为它简直是不能有的。因为同等数量的标准白银永远只能正好值同等数量的标准白银。要使 64 份标准白银等于或值 65 份同样的标准白银,是完全不可能的;如果说使"每盎司有一便士的溢值"那就是要使 64 份白银等于 65 份白银。的确,通过对 64 盎司标准白银的工艺加工,使它不仅能值 65 盎司,而且能值 70 或 80 盎司。但是铸造(这是这一件事情中的唯一加工)的费用是由一种税款来支付的,我看不出如何能够把铸币费计算进去;如果把它计算进去,它一定会把每 5 先令 4 便士的铸币提高到 5 先令 5 便士以上。如果我拿 64 盎司标准生银到铸币厂去请求铸币,我是不是只能得回 64 盎司的银币呢?如果是这样，那么在铸币费不费我一文钱，并且我只需要去一趟铸币厂就可以把 64 盎司标准生银变成银币的时候，我怎么能使 64 盎司标准银所铸成的银币值 65 盎司未经铸造的同等标准白银呢？在英国铸币不取分文，这件事的确使货币比在任何其他地方都更容易被送到铸币厂中去，因为在那里人们可以很方便地不出任何代价把它改铸成较轻的货币。但是这并不能把货币保持在英国之内，情况与生银完全一样；并且也不能使它不被熔化，因为铸币并不比生银多值钱。不论同一名目的货币比过去轻些、重些或者恰恰相等，都是一样。把这些解释清楚以后，我们就很容易看出这一段文章所说的其他的话，特别是"输出者购买银器输出比购买货币输出更为有利"的说法是真是伪了。

原书："人们只是说，如果白银的价值在铸币厂内被提高，它在其他地方也要被提高，但是不经过试行以后我们是永远不能知道这一点的。"

答：作者在前一段对我们说："在铸币厂中每盎司只值 5 先令 2 便士的白银，在别处值 5 先令 4 便士。"这是否真实，或者有什么害处，我不预备在这里加以探讨。但是不论它有什么害处，作者却建议用这种提高货币价值的做法来作为一种补救之道，并且对那些说如果提高货币价值银价也将上涨的人所作的回答是，"是不是这样，不经过试行以后是永远不能知道的。"我对这种说法的回答是，这种事情肯定是无需试行就可以知道的，正像我们能知道昨天重量相同的两块银子，明天在同一天平上重量仍会相等一样。

那位作家说："1 盎司（也就是 480 格令）白银可以换得 5 先令 4 便士"（也就是 496 格令）的我国标准银铸币。明天我们把货币铸得轻一些，使5先令4便士中只含有472格令标准白银。那么，今天可以换得496格令标准银铸币的1盎司白银，在明天是不是只能换得472格令的同等标准银铸币，难道不经过试验就不能知道吗？人们能够想象480格令同样的白银，今天值496格令的银铸币，明天将只值铸法略有不同的同样白银472格令吗？那些认为这种事情必须经过试验以后才能相信的人，也很可能要求人们做试验来证明同一东西是与它本身等重或相等的。我认为472格令白银与496格令白银等重这件事情，就像今天值496格令标准银的一盎司白银，在一切都不变、而只是铸币重量不同的情况下，明天将只值472格令的同等标准银，是同样的明显。这正是我们那位作家在说到“人们只是说……”时所要说的话。我们对这种话的回答，也可以作对下一段话的回答。只是我希望人们注意到那位作者好像在暗示英国和外国不一样，银子不是以重量计算的，这是一种非常危险而错误的说法，如果我们接受这种意见，就会使人们随意在铸币厂中破坏并贬低我国货币的成色。

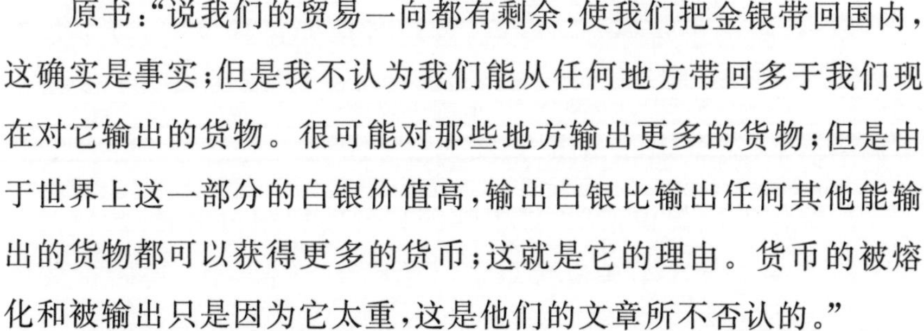

原书：“说我们的贸易一向都有剩余，使我们把金银带回国内，这确实是事实；但是我不认为我们能从任何地方带回多于我们现在对它输出的货物。很可能对那些地方输出更多的货物；但是由于世界上这一部分的白银价值高，输出白银比输出任何其他能输出的货物都可以获得更多的货币；这就是它的理由。货币的被熔化和被输出只是因为它太重，这是他们的文章所不否认的。”

答：这位作者告诉我们说他“不认为我们能从任何地方带回多于我们现在对它输出的货物”。

但愿他能告诉我们他这种怪想的理由何在。然而任何国家的货币都不会很快地被任何一个私人的无根据的怪想所改变，所以我想这种议论对于许多人不会有什么力量。我大胆地称它为一种无根据的怪想，是因为如果这位作者肯回忆一下我们每年为了从东印度群岛购买消费品而输送到那里的巨额货币（虽然我必须承认这对于我们也有好处），或者如果他肯探讨一下仅仅两种完全在我国消费的商品（我指的是卡纳里葡萄酒和葡萄干）每年消耗我们的金钱要比我们输出到卡纳里群岛[①]和臧特[②]的货物的价值多多少，如果除此以外他还肯考虑我们与其他几个地方进行贸易所发生的逆差，那么，他就会发现他并没有理由说他“不认为我们能从任何地方带回多于我们现在对它输出的货物”这种话了。

至于他所说关于“货币的被熔化和被输出只是因为它太重”的话，如果他所说的“重”是指我们的克朗币和相应的其他货币比他所要铸造的这些货币重23或24格令，那么，不管什么人承认这种说法，我都要否认它，我相信，经过探讨以后，我否认它的理由是清楚而明白的。

的确，当由于对外贸易逆差，需要货币偿还外债时，肯定是那些具有十足标准重量的重币将被熔化和运走，因为外国人重视的不是印记或名目，而是白银。

这位作者应该说清“世界上这一部分的白银价值高”是什么意思。他认为这是我国货币流出比过去多的一个原因，否则他就不会在这里说这一句话。如果他指的是英国，那就是说英国的白银



① 卡纳里群岛位于非洲西北岸，属西班牙，以产葡萄酒著称。——译者

② 臧特是希腊的一个岛。——译者

价值高将使白银流出英国，这简直是毫无意义。如果他指的是英国的邻国，他应该说出来，而不应该含糊地说什么世界上这一部分。但是不论他用“世界上这一部分”来指什么地方，我敢说每一个人都会同意：白银的价值在世界上这一部分不比任何其他部分更高，在我们的时代也不比我们祖父的时代更高。

如果这位作者所说的“输出白银比输出任何其他能输出的货物可以获得更多货币”属实，那我就觉得难过了。这是说明“我们带回多于我们输出的货物”的一个证据。因为除非发生这种事情使我们在海外负有债务，我们是不会输出白银的。人们的多余利得一般都是以白银形式贮存起来，因此我们倒会把白银带回国内，所以我国人和世界上这一部分的任何其他人一样地重视白银。

简括地说，实际情况是：只要我们由于贸易失利而对邻国欠下债务，他们就会对我们的白银给予很高的价值，因而“输出白银比输出任何其他能输出的货物可以获得更多货币”；这种情况如下：假设我们和邻国的贸易发生逆差（至于逆差是不是由于他们卖给我们胡椒、香料或其他东印度商品，那并没有关系），在最近两三个月内从荷兰收到大量商品而只对那里输出很少商品，因而在英国居民和荷兰居民清算账目之后，我们英国人欠了他们100万镑；那么结果如何呢？结果是：这些荷兰债权人希望收回他们的债款，命令他们在这里的代理人和往来商家把债款偿还给他们。因为我们研究贸易逆差的效果时，绝不能认为债权人会把他们的债款变成商品并把商品运回国去。这时必须把这100万镑以货币形式从英国还给荷兰，每一个人都想得到汇票；但是英国人在荷兰没有可以偿付这100万镑或其中一部分的债款，所以不能得到这种汇票。

这很快就会把汇率提得很高，于是握有大量货币和生金银的银行家及其他人，就把现金运往荷兰，在这里，收取货币然后按照他们所出的汇票在荷兰付款，其汇率使他们得到5%、10%、15%等等的利润，所以有时候我国的一枚5先令铸币实际上可以说是在荷兰值5先令3便士、5先令4便士、5先令6便士或5先令9便士。如果这就是所谓的“世界上这一部分的白银价值高”，那我同意他这一说法。但是要挽救这种价值高的局面，不能靠改变铸币办法，而要靠调整和平衡我们的贸易。因为不管我们的铸币是什么，只要我们的邻国在贸易上占到优势，他们就不仅对我们的白银给予很大价值，并且还会得到它；那时确实“输出白银比输出任何其他能输出的货物都可以获得更多货币”了。

原书：“西班牙和葡萄牙的改变铸币办法是与此完全不同的。他们把货币的名目几乎改变了一半，来欺骗从他们那里接受款项的人；他们欠别人一盎司白银的债务，只还给人家半盎司白银。但是在我们所主张的改变中，不论欠谁一盎司白银，都要用这种货币偿还一盎司白银。我们这里的提议只是为了使一盎司货币的价值在国内和在国外都等于一盎司白银（现在并不是这样）。”

答：这位作者在这一段中承认西班牙和葡萄牙的改变铸币办法是一种骗局，但是他说“我们所主张的改变”则不然；他的理由是很妙的，他说：“因为他们把货币的名目几乎改变了一半”，而在这里将只改变5%（不论是如何设计，事实就是这样）。好像50%是一种骗局，而5%则不是似的；这也许是因为它比较不容易为人看出来吧。作者所说的这种新币的两种好处，我恐怕都不能实现。

1.“不论欠谁1盎司白银，都要用这种货币偿还1盎司白银”。当1盎司白银像所建议的那样被铸成5先令5便士时(这就是把我们的货币铸得比现在轻5%),那每年将获得100镑地租的人是得到105镑还是仅仅100镑这种新货币呢?我想我们不能说是105镑。因为如果法律规定地租是100镑,肯定租地人是不会多付的。如果你的意思不是说400克朗或2 000先令的新货币将等于100镑,而是必须在每100镑之外再加上5%,那么你负担新铸币的费用,并得不到任何好处,反而造成了混乱。如果接受地租者只能得到100镑新货币,这就说明他损失了应得白银的5%。这位作者在下面也承认这一点,他说:“当人们获得的是永远不能增多的无增益地租①时,这也许稍有影响,然而影响很小,以致几乎不会被感觉到。”这里所说的很小就是5%;只要一个人被骗得不多因而感觉不到,那就没有什么关系。但是这种损失不仅是影响那种永远不能增加的地租,而且将影响在这种货币改变以前所约定的一切支付。

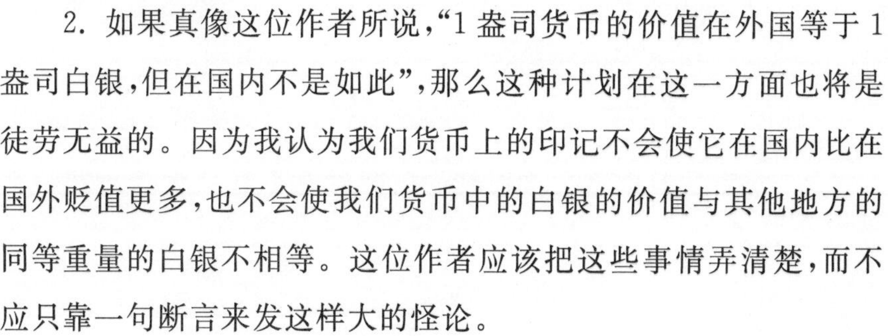

2. 如果真像这位作者所说,“1盎司货币的价值在外国等于1盎司白银,但在国内不是如此”,那么这种计划在这一方面也将是徒劳无益的。因为我认为我们货币上的印记不会使它在国内比在国外贬值更多,也不会使我们货币中的白银的价值与其他地方的同等重量的白银不相等。这位作者应该把这些事情弄清楚,而不应只靠一句断言来发这样大的怪论。

原书:“至于本议案所提到的阻止输出,那只是要把我们自己

① 无增益地租(rent-sec)是英国从前的一种地租,它和普通地租的分别是地主不能没收欠租者的财产来偿还未付的这种地租。——译者

的货币和生金银保持在国内,一切外国的货币和生金银仍允许输出。”

答:这位作者所说的“我们自己的”和“外国的”生金银是什么意思,还需要一些解释。

原书:现在没有人以“铸币机铸造的重币”来支付了。

答:我相信城市中很少有人不是时常收到铸币机铸造的5先令的克朗币和2先令6便士的半克朗币。不过我想作者的意思是说没有人在完全用铸币机铸造的货币来支付大宗款项。但是我要问,如果我们把一切被剪损的货币收回了,那么一切支付难道不是都要用重币了吗?如果被剪损的货币没有被收回,而它又比铸币机铸造的新币轻,这种新币难道就不会和旧币一样地被熔化掉吗?我想这位作者在那里承认的就是这一点,要不然我就不懂他的话。

原书:“这也绝不会妨害贸易,因为贸易总会找到它自己的途径,与任何国家的货币的名目完全无干。”

答:在所有国家内,对一定重量的货币所给予的名目与贸易有关,改变它必然要影响贸易。

原书:“因为如果真是如此,这就会使我们铸造更多的货币。”

答:这位作者的谈法,好像是这能“使我们铸造更多的货币”。用什么铸造呢?用已经铸好的货币还是用生金银来铸造呢?我很愿意知道用来铸币的东西在哪里。

原书:“这对于那些敢于熔化货币的人也许有一些好处,而那些收到新货币的人的损失却非常小(如果有的话);这是无可否认的,但是当人们获得的是永远不能增多的无增益地租时,这也许稍有影响,然而影响很小,以致几乎不会被感觉到。”

答：熔化货币的人可以获得多少好处，接受新货币的人们就要受到多大的损失，即要损失 5%，我想作者也不愿意受这种损失，除非他另有方法能得到补偿。

原书："如果我们所设想的这种改变能使我们国产商品的价格提高——"

答：在这里我们这位作者承认当我们提高货币的价值时，其他东西的价格也将相应地上涨。但是为了弥补，他又说：

原书："它同时使生产这些东西的土地的价值提高得不止此数。"

答："价值提高得不止此数"这句话，是我们这位作者永远不能解释清楚的，也是任何人不能代他解释清楚的。

东西的价格将永远由和它们交换的白银数量来衡量。如果我们减低货币的重量，那就必得用数量来补偿。提高货币价值和提高土地价格的全部秘诀就在于此。举例说，布拉克阿克①的田庄昨天可以售得十万克朗，我们不妨假定这些克朗币是整数，每一个等于 1 盎司标准银。今天新货币出现了，比以前轻 5%。这就是我们的货币的价值提高了。现在出售土地可以得到 105 000 克朗；这正好仍是那 10 万盎司标准银。这就是地价提高了。这岂不是公众应该为之出铸新币费 10 万镑以上，并且把一切商业都打乱的一种可惊叹的新发现吗？为了推荐这种新发现，这位作者还告诉我们一个大秘密："如果货币的名目不时时增长，土地的价格也



① 布拉克阿克是英国旧法律书中泛指一片田产的名称，并非实有其地。——译者

就不能上涨”，这就是说，如果不减轻我们的货币的重量，较少的货币就可以买到现在较多货币所买的土地。

原书：“这里所提到的支付方面的损失，绝不会大得使债权人现在必得接受现在流行的货币然后非把它熔化掉不可，所以他们没有理由埋怨这件事。”

答：这真是绝妙的说法！剪毁货币的人盗窃了公众很大一部分货币（人们迟早总会在自己所收到的付款中发现这种情形），而竟有人希望铸币厂应该有权抢在前面来占债权人的便宜。对于遭受这种损失的人们却说他们没有埋怨这件事的理由，因为损失并不那样大。剪毁货币已经使公众受到损失了。我说不出这种损失最后会落在什么人头上。但是那些收到被剪损的货币的人，由于不是非熔化它不可，所以还没有由此受到损失。到了被剪损的货币不再能和足重的货币相交换的时候，所有手头有被剪损的货币的人都将受到这种损失了。

原书：“这样做会使人们更容易交纳关税，因为货币将会加多了。”

答：说货币的数目将会加多，那是可能的；说货币在重量和价值方面将会加多，那作者应该加以证明。而且到了那时，不论关税情况如何（我从来没有听说现在人们不付关税），国王将在国内消费税方面每年损失 3 万镑以上。因为在一切依法规定应按镑、先令或便士缴纳的捐税上，国王都将损失 5%。这位作者在这里也像在其他地方一样，说出了一个很好的理由，他说“国王陛下付出这种货币时和接受时一样，都是按数目计算的，所以他不会遭受任何损失”。

好像人们以贬值5%的货币来向我缴纳地租，只要钱数够，我就不会受什么损失，因为我也是按数目把它花出去。那么就把货币成色减低50%吧；两者的区别只是后者大于前者，这就会引起更大的骚动。但是这位作者在这个问题上的最大借口却是人们不会感觉到它。

原书："如果我们把这种新货币送出去购买外国商品，我们承认100镑这种货币所买的白银或其他商品不能有100镑现在铸造的克朗币所买的那样多，因为后者更重些，而一切货币在铸造该种货币以外的国家内都是按重量计算的；同等重量的白银在一切地方都能买到同等重量的白银，所以它们也能买到相同数量的货物。如果这些货物在英国比以前贵5%，而只能卖得和以前一样多的货币（我们指的是在国外按盎司计算的货币），这些货币被带进国来并加以铸造之后，将在造币厂里使输入者比过去多得5%，所以商人并不受损失。"

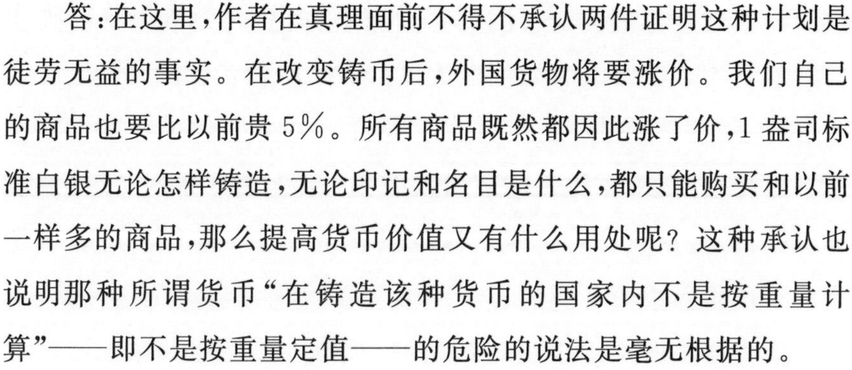

答：在这里，作者在真理面前不得不承认两件证明这种计划是徒劳无益的事实。在改变铸币后，外国货物将要涨价。我们自己的商品也要比以前贵5%。所有商品既然都因此涨了价，1盎司标准白银无论怎样铸造，无论印记和名目是什么，都只能购买和以前一样多的商品，那么提高货币价值又有什么用处呢？这种承认也说明那种所谓货币"在铸造该种货币的国家内不是按重量计算"——即不是按重量定值——的危险的说法是毫无根据的。

原书："的确，白银的所有者将为白银找到一个良好市场，任何别人都不会受损失，而且相反地，使货币数量加多对一切人都将是一件有利的事。"

答：我承认，如果我们的货币真正提高5%，白银的所有者把白银送到铸币厂去铸币可以多得5%。但是既然作者也承认在提高货币价值以后商品的价格也将提高5%，那么这种改变除了对造币厂官员和囤积货币者有利以外，对任何人都无好处。

原书："当标准银最后一次在铸币厂提高时(在伊丽莎白女王四十三年时，每盎司标准银从5先令提高到5先令2便士)，并且在此后40多年里，未铸币的白银每盎司的价格从来不曾超过4先令10便士，这使人们大量铸币；在这些日子里，货币并没有出口。可是现在的白银在铸币厂内仍然只是每盎司5先令2便士，而在其他地方则值5先令4便士。所以如果上议院的这一议案没有被通过，那么在铸币厂内就不会再有人去铸币，所有用铸币机铸造的货币在很短一段时间内都将被人熔化掉。"

答：伊丽莎白女王时代和以后之所以铸造了那样多的货币，并不是由于把我们的克朗币从480格令减低到462格令和把其他货币也相应地减低(这就是这位作者所谓的每盎司标准银从5先令提高到5先令2便士)，而是由于我们的贸易顺差带回大量生金银并且把它们保持在国内。

标准银(如果作者说的是其他白银，那就是一种错误)的价值怎么样能够在铸币厂与其本身重量相等(即每盎司5先令2便士)，而在伦巴德街又高于其本身的重量(即每盎司5先令4便士)呢？这种怪论如不加以更好的解释，我认为是谁也不能了解的。如果标准银价值会由于铸币而减低，那就应该停止铸币了；如果说不对1盎司铸成货币的标准银外加15或16格令，它就不能换得1盎司未铸币的标准银，那么情形就真是如此，而当作者说"白银在其他地方值 5 先令 4 便士"时，他的话只能这样理解 。

5 先令 4 便士在铸币厂内铸出的货币，作者不得不承认它最少是 495 格令。1 盎司只是 480 格令。那么 1 盎司未铸币的标准银怎么能值 5 先令 4 便士(也就是说，480 格令未鋳币的标准银怎么能值 495 格令铸成货币的同样标准银)，这是令人难以理解的，除非我们铸币厂的铸币减低了标准银的价值。

先生，

铸币和利息是对于公众对于贸易非常重要的两个问题，所以当有人提出任何改革的提议时，都必须加以十分精密的考察和十分认真的研究。我不敢说已经在这里对这两个问题作了应有的讨论。这种工作一定要由更有才能的人来做。我之所以对这些问题谈了一些话，是因为您的要求。冒昧应命，谬误之处在所难免，想能邀谅鉴。

约翰·洛克

# 洛克生平和著作年表

(1632—1704)

编写者:陈尘若

**1632年明崇祯五年诞生**

▲八月二十九日:约翰·洛克[①] (John Locke)生于英国英格兰西南索默塞特郡的林格东城(靠近沿海城市布里斯托尔)一个小地主兼律师约翰·洛克(1606—1663,父子同名)和阿额奈·洛克(Agne Keene Locke,1597—1654)夫妇家庭。

★在哲学方面,英国至少能举出两位巨匠——培根和洛克。(见恩格斯:《英国状况》,《马克思恩格斯全集》第1卷第679页)

▼英国唯物主义和整个现代实验科学的真正始祖弗朗西斯·培根(Francis Bacon,1561—1626)于6年前在伦敦去世。

▼第一个近代唯物主义者(18世纪意义上的)托玛斯·霍布斯(Thomas Hobbes,1588—1679)在伦敦贵族卡文迪什家担任家庭教师。

▼法国哲学家、17世纪形而上学主要代表勒奈·笛卡尔(René Descartes,1596—1650)避居荷兰已经三年。

▼现代政治经济学创始人、英国医生威廉·配第(Sir William Petty)(1623—1687)正在学习阶段。

●斯图亚特王朝(1603—1649,1660—1714)查理一世(Charles I,1600—1649)在位(1625—1649)。

●欧洲三十年战争(1618—1648)在进行中。

★在英国从17世纪起,……富有的、强大的资产阶级就在形成……。(见恩格斯:《德国的制宪问题》,《马克思恩格斯全

集》第 4 卷第 52 页)

① 洛克的译名最初是“陆克”,见一、梁启超:近世文明初祖二大家之学说,1902 年(清光绪二八年),收于《饮冰室合集》文集第五册第十三集第 11 页,上海中华书局;二、樗公编:《万国名儒学案》(新民丛报等报纸文章汇编),新学社,1907 年(光绪三三年);三、孙鑫源编:《新编泰西学案》〔316 页〕上海进步书局,1915 年;四、樊炳清编:《哲学辞典》〔1017 页〕商务印书馆,1926/1935 年,第 657 页。

**1633 年崇祯六年一岁** ▼意大利天文学家伽利略(Galilei Galileo,1564—1642)因所著《潮汐对话》(后更名《关于两个主要世界体系的对话》)而受到罗马教廷迫害,于六月二十三日成为宗教裁判所的监外囚犯。消息传到荷兰,笛卡尔打消发表《论世界》的打算。

**1634 年崇祯七年二岁** ▼霍布斯身为导师,领学生到欧洲大陆游历学习,在巴黎会见伽桑狄[①](Pierre Gassendi,1592—1655)、梅尔森神父(Père Marin Mersenne,1588—1648)等,后于比萨(1636)见到伽利略。

① 又译:一、加桑迪(见《自然科学大事年表》,上海人民出版社,1975 年,第 29 页);二、迦森狄(见《对笛卡尔〈沉思〉的诘难》,商务印书馆,1963 年);三、盖三笛(见郭本道:《洛克巴克莱休谟》,世界书局,1934 年,第 11 页)。

**1637 年崇祯十年五岁** △洛克的弟弟托玛斯·洛克(Thomas Locke)生。

▼六月:笛卡尔(41 岁)以法文写的《谈关于正确指导理性并在科学中寻找真理的方法》[①](Discours de la Méthode pour bien conduire sa raison et chercher la Vêrite dans les sciences)出版。

★笛卡尔和培根一样,认为生产形式的改变和人对自然的实际统治,是思维方法改变的结果。他的《方法论》就说明了这一点,……(见马克思:《资本论》,《马克思恩格斯全集》第 23 卷第 428 页)

① 简称《谈方法》,又译《方法论》、《方法谈》。

**1638 年崇祯十一年六岁** ▼英国神秘主义哲学家弗卢德[①](Robert Fludd,1574—1637)的《摩西哲学》(*Philosophia Mosaica*)出版。

① 又译：弗鲁德(见梯利著、葛力译：《西方哲学史》，商务印书馆，1975年，上册，第266页)、弗拉德(见丹皮尔著、李珩译：《科学史》，商务印书馆，1975年，第185页；梅森著：《自然科学史》，上海人民出版社，1977年，第169页)。

**1640年崇祯十三年八岁**

●英国资产阶级革命(1640—1660)。

●四、五月：短期议会。

●长期议会(1640—1653)。

**1641年崇祯十四年九岁**

▼笛卡尔以拉丁文写的《第一哲学沉思录》[①](Méditationes de Prìmâ Phìlosophiâ)经法国国王路易十四特许，在索尔朋学院神学博士们赞许下出版于巴黎。

▼笛卡尔在巴黎的代表梅尔森神父请人对《沉思录》批评指正，荷兰的卡德卢斯(Caterus)、英国的霍布斯[②]、法国的伽桑狄、詹森派哲学家阿尔诺(Antoine Arnauld，1612—1694)等应请提出诘难。

▼《对〈沉思录〉的反驳，附作者的驳难》(Objections Contre les Méditations，avec les Responses)出版于巴黎。

★在法国以**笛卡尔**为主要代表的17世纪的**形而上学**，从诞生之日起就遇上了**唯物主义这一对抗者**。唯物主义通过**伽桑狄**(他恢复了**伊壁鸠鲁**的唯物主义)来反对笛卡尔。(见马克思恩格斯：《神圣家族》，《马克思恩格斯全集》第2卷第161页)

●十月：英国议会提出“大抗议书”。

① 又译：《形而上学的沉思》(见《欧洲哲学史》〔北京大学本书编写组〕，商务印书馆，1977年，第327页)。

② 又译：霍勃斯(见孙铁勇：π趣话。《中学科技》杂志，上海教育出版社，1978年第6期第3页)。

**1642年崇祯十五年十岁**

▼霍布斯以拉丁文写的《公民哲学原理》(Elementa philosophica de Cive)匿名出版于阿姆斯特丹。英国皇后玛丽亚见后很不以为然。但，五年后，其法译本(Les Élémens philosophiques du citoyen)由沙比叶(Samuel de Sorbière)翻译出版，国际舆论是欢迎的。

△八月：大洛克不顾身处王党势力范围，投奔议会军，参加刚爆发的反封建专制的战争。

●八月：英国国内战争开始。王党分子纷纷逃法。

**1643 年崇祯十六年十一岁**

▼一月四日：数学家牛顿（Sir Isaac Newton，1643－1727）生于林肯郡伍尔斯村。

★科学和哲学结合的结果就是唯物主义（牛顿的学说和洛克的学说同样是唯物主义所依据的前提）……（见恩格斯：《英国状况》，《马克思恩格斯全集》第 1 卷，第 666－667 页）

**1644 年清顺治元年十二岁**

▼笛卡尔《谈方法》拉丁文译本出版于阿姆斯特丹。数年后，洛克开始接触哲学读物，触发他对哲学的兴趣的正是笛卡尔的这个版本和《沉思录》二书。

●七月：议会军在玛斯顿荒原战胜查理一世的军队。

**1645 年顺治二年十三岁**

●六月：纳斯卑一役，议会军击溃查理一世的军队。

▼配第从荷兰转到巴黎，继续研究医学、解剖学。

▼英国学者以哲学学院或无形学院（Philosophical or Invisible College）名义在牛津格勒汉学院（Gresham College）、伦敦等地进行小组学术讨论。

**1646 年顺治三年十四岁**

▼德国数学家、哲学家莱布尼茨[①]（Gottfried Wilhelm von Leibniz，1646－1716）生于莱比锡。

① 又译：莱博尼茨（见《人民日报》1973 年 9 月 15 日）。

**1647 年顺治四年十五岁**

▲进入伦敦威斯敏斯特（西寺院）中学学习。前后六年，学会熟练运用拉丁文，当时的学术语言。

▼洛厄（Richard Lower，1631－1691）也在这个学校就学，后来他们又在牛津同窗。日后，洛厄成为著名医生。

▼法国思想家、怀疑论者比埃尔·培尔（Pierre Bayle，1647－1706）生于法国富瓦的卡拉。

★使 17 世纪的形而上学和一切形而上学**在理论上威信扫地**的人是**比埃尔·培尔**。他的武器是用形而上学本身的符咒锻铸成的**怀疑论**。他本人起初是一个笛卡尔派的形而上学者。（见马克思、恩格斯：《神圣家族》，《马克思恩格斯全集》第 2 卷第 162 页）

**1648 年顺治五年十六岁**

▼切尔伯雷的赫伯特[①](Edward Herbert of Cherbury,Ist Baron,1583－1648)去世。洛克在《人类理智论》[②]里批判他在《论真理》(1624)中提出的天赋原则。

★在 1648 年,资产阶级和新贵族结成了同盟反对君主制度,反对封建贵族和反对占统治的教会。(见马克思:《资产阶级和反革命》,《马克思恩格斯全集》第 6 卷,第 124 页)

●十月:在伦敦郊区巴特尼召开全军会议。

① 又译:一、赫巴特(见注②所指);二、切尔别里(见《论 16 世纪末 18 世纪初西欧哲学》〔哲学研究编辑部编〕,三联书店,1961 年,第 232 页)。

② 见关文运译本,第 38 页。

**1649 年顺治六年十七岁**

▼伽桑狄的《伊壁鸠鲁哲学体系》出版。

★伽桑狄"把伊壁鸠鲁从禁书里面拯救出来"(见马克思:《博士论文》序,贺麟译,1961/73,第 1 页)。

●一月三十日:在学校附近的白厅广场(Whitehall Palace Yard),革命人民处死英王查理一世,举国一片欢腾,空前壮举震动了各国封建王朝。

●克伦威尔远征爱尔兰。

●五月十九日:英国宣布为共和国。

**1650 年顺治七年十八岁**

▲得到敕定奖学金,以之购置古典著作家琉善、荷马、李维、艾比克泰图、塞涅卡等人的作品。

▼霍布斯的《自然法和政治法原理》分别题为《论人性》、《论国家》(*Of Human Nature*; *De corpore politico*)出版。

▼二月十一日:笛卡尔在斯德哥尔摩因病去世。他是上年应瑞典女王之召前去给她讲哲学的。

●上年处死国王后,贫苦农民在伦敦西南塞利郡圣乔治山荒地耕种自养,迅即发展为声势浩大的掘地派运动。1651 年受到克伦威尔的镇压。

★从 1650 年到 1750 年的整个世纪,除了少数例外,不断发生货币所有者和土地所有者之间的斗争,因为生活阔绰的贵族,看到高利贷者把他们抓在手里,又看到自从 17 世纪末建立了现代信用制度和国债制度以后,高利贷者在立法等方面占了他们的上风，心中十分不快。（见马克思：《资本论》第四卷：《剩余价值理论》，《马克思恩格斯全集》第二六卷第一册第 394—395 页）

**1651 年顺治八年十九岁**

▼夏季：霍布斯的《利维坦，或物质、形式和教会的、世俗的国家权力》[①]（*Leviathan, or the Matter, Form, and Power of a Commonwealth*）出版于英、荷。

▼罗伯特·菲尔麦爵士（Sir Robert Filmer，？—1653）的《对霍布斯先生的〈利维坦〉，密尔顿先生之反对沙尔马修[②]，和格老秀斯的〈和平和战争法〉中关于政府起源的考察》（*Observations upon Mr Hobbes's Leviathan, Mr Milton against Salmasius, and H. Grotius De jure belli et pacis, concerning the Original of Government*）出版。

① 又译：里维坦（《资本论》第 1 卷第 161 页）。

② 又译：索马色（Claude de Saumaise，拉丁名 Salmasius，1588—1653），法国古典学者。

**1652 年顺治九年二十岁**

▲十一月：进入牛津大学基督教会学院。以拉丁文写札记，内容涉及逻辑学、希腊论辩术、词源学。

●第一次英荷战争（1652—1654）。

**1653 年顺治十年二十一岁**

●克伦威尔称“护国公”。

●四月二十日：克伦威尔驱逐长期议会的“残阙”。

●十二月十六日：克伦威尔通过英吉利共和国宪法。

**1654 年顺治十一年二十二岁**

▲庆祝战胜荷兰，写拉丁诗、英文诗各二首献给克伦威尔，由院长编入学校的专集出版。

▲开始写拉丁文笔记《勒姆马达》（*Lemmata*），文章六篇，主要是论述有关自然法的问题。

△十月：母亲病死于家乡贝卢东，洛克只赶上葬礼。

●克伦威尔政府逼迫葡萄牙签订条约，英国取得在葡及其殖民地的巨大贸易特权。

●苏格兰、爱尔兰、英吉利合并。

**1655 年顺治十二年二十三岁**

▲到彭塞福特（Pensford）度长假。

▼英国翻译家、哲学史家斯丹雷（Thomas Stanley，1625—1678）的《哲学史》[①]（The history of philosophy，1655—

1662,旧对开本,四卷)开始出版于伦敦。

▼霍布斯的《论物体》(*De corpore*)出版。

▼法国唯物主义哲学家伽桑狄(1592—1655)去世。留下著作《论假太阳》、《弗卢德学说批判》。

① 本书第4版,大16开本,828页,1743年,北京图书馆藏。

**1656年顺治十三年二十四岁**

▲二月:得文学士学位。

▼七月二十七日:荷兰唯物主义哲学家斯宾诺莎(Benedict de Spinoza,1632—1677)因坚持思想自由,怀疑超自然的上帝和天使的存在,为犹太教拉比开除教籍,阿姆斯特丹市政当局并应犹太会堂要求下驱逐令,斯宾诺莎只得移居新教徒聚居的奥微开克村,学磨透镜以谋生。

●英国废除骑士领地制,解除了地主对国王的封建义务,但农民对地主的封建义务依然维持。

**1657年顺治十四年二十五岁**

△洛厄在解剖学家威里斯(Thomas Willis,1621—1675)门下学习,洛克对学校沿袭传统安排的课程,例如亚里士多德逻辑学等功课失去兴趣,遂与洛厄接触频繁,逐渐注意医学和经验哲学。

▽意大利佛罗伦萨公国一些科学家提倡以实验方法研究自然,成立"自然科学家协会"。不上十年(1667),罗马教廷要求公国关闭这个协会,协会不得不停止活动。



**1658年顺治十五年二十六岁**

▲六月:得硕士学位。

▲经常与同学、友人聚会讨论问题,朗读文学作品(包括他自己的《阿尔巴尔的奥罗塞皇帝》〔*Orozes King of Albania*〕),传阅政治小册子(托玛斯·摩尔、哈林顿等所著)。

△著名神学家厄谢尔主教[①](Archbishop Ussher,1581—1656)的孙子第里尔(James Tyrrell)也在校,两人过从渐密。洛克在《人类理智论》[②]里批判厄谢尔荒谬绝伦的世界创始年代学。

●克伦威尔逝世,子查理继任"护国公"。

① 参见《科学史》第415页。

② 见关文运译本,第162页。

| | |
|---|---|
| **1659年顺治十六年二十七岁** | ▼伽桑狄的《伊壁鸠鲁注释》(*Commentarius de vita, moribus et placitis Epicuri*)出版。<br>●五月二十五日:"护国公"被推翻。 |
| **1660年顺治十七年二十八岁** | ▲十二月:在母校担任讲师,教希腊文。<br>▲继续写《勒姆马达》笔记,内容是对胡克(Richard Hooker,1553—1600)所著《宗教政治的法律》(*Laws of Eccle siastical Polity*)中关于国家对宗教事务的干涉的看法。<br>▼文学家笛福(1660—1731)生。<br>●四月二十五日:制宪国会决议恢复斯图亚特王朝。<br>●斯图亚特王朝复辟(1660—1714),查理二世登基(1660—1685)。 |
| **1661年顺治十八年二十九岁** | △大洛克死。<br>▲开始有自己的土地收入。 |
| **1662年清康熙元年三十岁** | ▲改教修辞学。<br>▲长诗《查理二世皇帝和葡萄牙公主的婚礼》写成。<br>▲常听威里斯在学院所作的科学报告和威里斯友人巴德斯特(Ralph Bathurst)所作的医学报告,听讲笔记今存。<br>▼伦敦"以促进自然知识为宗旨的皇家学会"成立,会员约一百人。第一任两个学会秘书是清教徒牧师约翰·威尔金斯(John Wilkins,1614—1672)和德国自然哲学家亨利·奥尔登堡(Heinrich Oldenbury,1615—1677)。后者不但与英国学术界人士熟悉,且因经常往返海峡两边,交游广泛,先后与斯宾诺莎(1661年)、莱布尼兹(1672年)等相识,并有通信关系。<br>●法国平民和农民起义。 |
| **1663年康熙二年三十一岁** | ▲和波义耳的德国学生斯塔尔(Peter Stahl)合作,利用波义耳的实验室作化学、气象实验。[①]<br>▲逐渐和化学家波义耳(Robert Boyle,1627—1691)熟悉,增加了对自然哲学的兴趣,并从波义耳处接受许多科学概念以及进一步熟悉笛卡尔的哲学思想。后来,两人成为挚友。<br>▲阅读四月刚出版的斯宾诺莎所著《笛卡尔哲学原理,附形而 |

上学的沉思》。

▲写自然法笔记九篇(见冯·来顿编:《洛克论自然法》,〔Wolfgang von Leyden, John Locke: *Essays on the Law of Nature*〕牛津,1954 年)。

▲十二月:担任道德学学监一年。

△弟弟托玛斯·洛克死。

① 对于洛克所做的实验,伍德(Anthony Wood)贬为一文不值,托玛斯(Dr. David Thomas)则赞不绝口(见克兰斯顿〔又译:克雷斯顿(见汪裕荪译:《洛克的哲学》第 37 页)〕:《洛克传》〔Maurice Cranston: *John Locke, a biography* 1957 年初版〕伦敦,第 76 页)。

**1664 年康熙三年三十二岁**

▲三月:皇家学会开始出版《哲学学报》。第 10、第 19、第 22 各号上,载有洛克关于气象的观察报告。

▲发表退职告别演说。[①]

▲从本年起,每年土地收入为 240 镑,直至 1672 年。

▼法国无神论思想家梅叶(1664—1729)生。

① 1965 年,承吴恩裕同志对本表初稿提出意见,指出这篇演说重要,特予补充。

**1665 年康熙四年三十三岁**

▲十一月:以秘书身份,随英国驻勃兰登堡选帝侯国的使节瓦奈爵士(Sir Walter Vane)赴德国克累弗(Cleves),协助办理有关英荷战争的交涉。

▲在德期间,设法参加不同教派的活动,注意各地教派关系,对于德意志北部各国新教各派对待旧教的温和态度十分赞赏。

●第二次英荷战争(1665—1667)。

●伦敦流行瘟疫(鼠疫)。

**1666 年康熙五年三十四岁**

▲二月:离职返牛津母校,继续享受奖学金,做研究工作。

▲结识大学学监、医生托玛斯(David Thomas),共同在牛津开辟实验室,做药剂学研究。

▲六月至次年三月:作有关气体的笔记。

▲夏季:结识艾释黎勋爵(Lord Ashley, 1621—1683,后来是第一代沙夫茨贝里伯爵)。当时勋爵到牛津来看儿子。不

久，勋爵患病，经沙夫茨贝里城的本纳特(Bennet)推荐，洛克前去伦敦诊治，留下良好印象。

●伦敦大火。

▲九月：前往伦敦，参与瘟疫、火灾善后援救工作。

▲十月十七日：下院议会特别委员会诬陷霍布斯和托玛斯·怀特(Thomas White)的著作触怒上天[①]，是火灾天祸起因，禁止他们继续做研究工作和出版著作。

▼波义耳在论文《形式和质的根源》(*The Origin of Formes and Qualities*，牛津)中第一次提出第一性质、第二性质的说法。

▼法国科学院在巴黎建立。

① 对于霍布斯的围剿，实际上在《利维坦》出版后就开始了，1654年，《论公民》一书还被罗马教皇宣布为禁书，1658年，布拉姆霍尔(Bramhall)写《利维坦的捕捉》(*The Catching of Leviathan or the Great Whale*，又译：《捕获国家论那个大鲸鱼》，见铁勒尔〔A. E. Taylor〕著，刘衡如译：《霍布士》，中华书局，1931年，第18页)，后来一些恶作剧者还把他的长寿讥为老而不死。

**1667年康熙六年三十五岁**

▲结识名医西顿汉(Thomas Sydenham，1624－1689)，协助搜集有关天花的资料。

▲移居伦敦。这时，威里斯、洛厄、西顿汉都已移居伦敦，波义耳也如此。

▲担任艾释黎勋爵的私人医生、秘书，朝夕相处，关系十分密切。每年得100镑，共得700镑。

★政治经济学原来是由霍布斯，洛克，休谟这样的哲学家，托玛斯·摩尔，腾普尔，沙里，德·韦特，诺思，劳，范德林特[①]，阚梯龙，富兰克林这样的实业家和政治家，配第，巴尔本，孟德维尔，魁奈这样的**医师**研究的。(见马克思：《资本论》，郭大力、王亚南译，人民出版社，1963年，第1卷，第678页)

▲勋爵入阁，担任财政大臣，洛克开始注意经济、财政问题。

▼配第[②]的《关于赋税和捐税的研究》出版于伦敦。

▲写关于宗教容忍的笔记，今存四种，两种存美国，一种存牛

津，一种见于布恩的《洛克传》(H. R. Fox Bourne, The Life of John Locke,两卷,1876年,第174—194页)。

●英荷布雷达和约签订。

① 原译“凡德林”,Jacob Vanderlint,死于1740年,英国经济学家,重农学派先驱,货币数量论早期代表人物。此处据《马克思恩格斯全集》第23卷第677页注改,以免混乱。

② 又译:威廉撒底(见梁启超:生计学学说沿革小史,1902年(清光绪二八年),收于《饮冰室全集》文集第五册第12集第1页)。

**1668年康熙七年三十六岁**

▲十一月二十三日:由皇家学会接纳为会员,并任“实验考察指导委员会”十一位委员之一。

▼皇家学会会员已达二百名。

▲写《论降低利息和提高货币价值的后果》[①](*Some Considerations of the Consequences of the Lowering of Interest and Raising the Value of Money*)。

▼意大利思想家维柯(1668—1744)生于那不勒斯。

●英国、荷兰、瑞典三个新教国家缔结“三国同盟”。

① 又译:关于减低利息的结果的若干考察(《资本论》第1卷,第105页)、略论降低利息和提高货币价值的结果(《政治经济学批判》,第131页)。



**1669年康熙八年三十七岁**

▲六月:代勋爵为其在北美殖民地卡罗里那州的领地起草《卡罗里那政府基本宪法》。后来,并未为1675年的领主会议所采纳。

▲对大主教帕克(Samuel Parker)匿名出版的《论宗教政治》中反对宗教容忍政策的观点和见解作摘要笔记。

**1670年康熙九年三十八岁**

▼斯宾诺莎的《神学政治论》匿名出版于阿姆斯特丹。

▼十一月三十日:无神论者约翰·托兰(John Toland,1670—1722)生于爱尔兰的伦敦德里。

●查理三世和法王路易十四秘密缔结“多维尔条约”,同意在英国恢复天主教活动,并共同对付荷兰。

**1671年康熙十年三十九岁**

▲六月至秋季:向经常聚会讨论科学、神学、哲学问题的朋友作有关人类理智的报告两次。第一次发言构成日后《人类理智论》[①]的第四卷,后称草稿A(见爱伦、吉伯合编:《洛

克：人类理智论初稿》〔R. I. Aaron & Jocelyn Gibb, *An Early Draft of Locke's Essay*〕，牛津，1936 年）。第二次发言构成第二卷，后称草稿 B（见兰特编：《洛克论理智、知识、意见和同意》，1931 年）。

▲开始向托普逊公司投资，凡五年。

▼第三代沙夫茨贝里伯爵（The Third Earl of Shaftesbury, Anthony Ashley Cooper，1671－1713）生于伦敦。早年，他就直接受到洛克的教育。后来成为著名的伦理学家。本表 1686 年条所引用马克思、恩格斯的话中提到的，正是这位思想家。[②]

① 又译：一、人类理性论（见杰波林著、林一新译：《近代哲学史》〔共 384 页〕，上海黎明书局，1934 年，第 29 页）；二、人间悟性论（见樊炳清编：《哲学辞典》，第 657 页）；三、人类悟性论（见敦尼克等主编：《哲学史》，三联书店，1961 年，第 1 卷，第 473 页）；四、论人的知解力（见朱光潜：文艺复兴时期……人道主义、人性论的言论概述。登于《社会科学战线》1978 年第 3 期，第 266 页）。

② 又译：舍夫茨贝利（见蒙让著、涂纪亮译：《爱尔维修的哲学》，商务印书馆，1962 年，第 352 页）。

**1672 年康熙十一年四十岁**

▲对卡罗里那事务，经常考虑，提出处理意见。

▲游历法国，十一月返。

▼勋爵受封为沙夫茨贝里伯爵[①]（Earl of Shaftesbury）。

▲伯爵新任大法官。洛克协助伯爵处理有关牧师举荐方面的事务，年俸三百镑。

▲年底：向新成立的一个公司（在殖民地进行商业投机）投资 200 镑。

▲格林希尔（John Greenhill）为伯爵和洛克画像。（洛克像 1954 年由国家肖像馆购藏）

●伯爵创办绿带俱乐部（Green Ribbon Club），反对派贵族聚此讨论政治形势。

●查理二世颁布“信教自由令”，想恢复天主教徒的政治权利，因遭议会反对，暂时未付诸实施。

●第三次英荷战争（1672－1674）。

① 又译：一、莎夫茨伯利（见《欧洲哲学史讲话》〔复旦大学编〕，上海人民出版社，1978年，第75页，《欧洲哲学史》〔北京大学编〕，商务印书馆，1971年，第314页）；二、莎夫茨伯里（见《自然的体系》下卷第196页）；三、莎夫茨伯雷（见《16－18世纪西欧各国哲学》〔北京大学编译〕，商务印书馆，1975年，第674页）；四、舍夫茨别利（见特罗菲莫夫等著，汲自信、孟式钧译：《近代美学思想史论丛》，商务印书馆，1966年，第14页）；五、莎甫茨伯利（见黑格尔：《哲学史讲演录》4：141）；六、沙斐伯雷（见郭凤翰译：《世界名人传略》〔英国《张伯尔世界名人字典》选译〕，上海山西大学堂译书院译印，商务印书馆，1908年〔清光绪三十四年〕合订本，S字第19页）；七、沙甫慈布利、沙夫兹巴利、沙甫慈白利（见黎金磐编：《基督教专名英汉字典》，上海广学会，1950年，第217页）。

**1673年康熙十二年四十一岁**

●五月："宣誓法案"恢复，规定信奉国教者始得任政府官吏。

▲十月：伯爵改任贸易和移民委员会主席，洛克转任委员会秘书[①]，年俸600镑。

▲投资四百镑于生丝贸易。

① 一说是贸易部长（1673）、上诉法院院长（1689），见金羽编著：《欧洲历史上的唯物主义哲学家》（141页），广西人民出版社，1978年，第64页。



**1674年康熙十三年四十二岁**

△友人、法国空想社会主义者德尼·维拉斯返国，此后，双方保持通信联系。维拉斯身世不详，后仅以所著《塞瓦兰人的历史》[①]一书传世。

▲投资400镑于皇家非洲公司。

① 本书德译本1783年出版，当即受到康德注意。

**1675年康熙十四年四十三岁**

▲三月：贸易和移民委员会撤销，洛克回基督教会学院，继续做研究工作。

▲得医学学士学位，并得到奖学金。虽然从此他可挂牌行医，但并未从医。

▲以两百镑再投资于皇家非洲公司。

▲以一百镑再投资于上述商业投资公司；次年，以这一项股份转售于人，价127镑。

▲十一月：多年勤恳工作积痨，身体虚弱。接受西汉顿的劝

告，出国疗养，陪伴同行者为年轻的牧师沃尔斯（George Walls，三十岁），后来两人成为忘年交。

▲在巴黎结识赫伯特（Thomas Herbert，1657—?）即后来的第八代柏波罗克（Pembroke）爵士。

**1676 年康熙十五年四十四岁**

▲在法国努力学习法语，不久返国。

▲以年利 36 镑，借 600 镑给一个人。

▼配第的《政治算术》出版。

★洛克……同配第站在同一立场。他们两人都反对对利息作强制性的调整。（见马克思：《资本论》第 4 卷：《剩余价值理论》。《马克思恩格斯全集》第 26 卷，第 1 册，第 395 页）

**1677 年康熙十六年四十五岁**

▲三月：担任一个英国爵士的孩子的旅行导师，前往巴黎。

▲在巴黎，凭波义耳书面介绍，结识伽桑狄派哲学家吉莱·德洛内（Gilles de Launay）和贝尔尼埃[①]。（François Bernìer，1620—1688）

① 贝尔尼埃是蒙彼利埃（Montpellier）城医生，到东方待了 13 年，后又去非洲埃塞俄比亚旅行，写旅行记《大莫卧儿帝国游记》等〔见马克思：《政治经济学批判》，徐坚译，人民出版社，1964 年，第 113 页〕；在蒙彼利埃疗养期间，洛克和他的话题，医道和旅途见闻多于哲学内容。德洛内著有三数本哲学著作，在学校教伽桑狄哲学。

**1678 年康熙十七年四十六岁**

▲结识王港修道院学者索纳德（Nicolas Thoynard），后来两人成了密友，索纳德给洛克写了许多信，洛克给索纳德的信，今存五八封，有用法文写的，有用拉丁文写的。

▲由索纳德陪同，参观科学、学术机构。

▲认识下列一些人：

修道院长、学者弗洛孟丁（Abbé Fronentin）、勒诺多（Abbé Renaudot）

探险家马西阿斯（Massias）、圣科隆贝（Sainte-Colombe）

医生日德弗瓦（Gedefroy）、任德龙（Gendron）

发明家于班（Hubin）、奥特弗耶（Hautefeuille）

▲翻译尼古尔（Pierre Nicole，1625/28—1695）的《论道德》

(*Essais de Morale*,1671)(见汉考克编:《洛克:尼古尔论文摘译》〔Thomas Hancock, *Discourses translated from Nicole's Essays by John Locke*〕,1828 年)。

▲购置贝尔尼埃的《伽桑狄哲学节要》(*Abrégé de la philosophie de la Gassendi*),这部书是对伽桑狄的《伊壁鸠鲁哲学体系》所做的摘要。

▲七月:离开巴黎南行,对封建专制统治下的法国农村凋敝状况留下深刻印象。

▲在里昂,德国青年布朗诺瓦(Sylvanus Brownover)来陪伴,从此作为他的仆人、助手、秘书。

**1679 年康熙十八年四十七岁**

●五月:议会反对派在反对政府斗争中取得重大胜利,辉格党形成。

▲应沙夫茨贝里伯爵召返国,继续担任伯爵的秘书[①]。

●议会通过《人身保护法案》(*Habeas Corpus Act*),保证反对派领袖免遭逮捕。

▼十二月四日:唯物主义哲学家托玛斯·霍布斯去世。

① 名义是秘书,伯爵鼓励洛克摆脱事务,著书立说,发表他们共同的政见,以制造舆论。实际的事务工作由另一秘书斯特灵格(Thomas Stringer)承担。

**1680 年康熙十九年四十八岁**

▲年初:根据考察法国农业所得材料,写《关于葡萄和橄榄的生长和栽培的报告》(*Observations on the Growth and Culture of Vines and Olives*),送伯爵参考,当即由伦敦档案局出版。

▲二月:离开牛津,取道索尔兹伯里、萨顿、斯特拉顿(在这里处理收租事务),回家乡索默塞特郡。结识堂妹夫克拉克(Edward Clarke,1651—?)。

**1681 年康熙二十年四十九岁**

▲开始写《政府论两篇》(*Two Treatises of Government*)。

▲结识剑桥柏拉图派哲学家库德华兹[①](Ralph Cudworth,1617—1688)的女儿达马丽斯·库德华兹(Damaris Cudworth,1658—?)。哲学上的共同兴趣使两人初识即熟悉,虽然洛克的唯物主义哲学并未使对方深受熏陶的柏拉图唯心主义观点有所减弱,从此两人以菲兰德和菲罗克勒娅

(Philander and Philoclea)互称，在7年里，仅后者给前者深情的信件就多达40封，今存牛津。

① 又译：一、古德沃尔兹(见霍尔巴赫著，管士滨译：《自然的体系》下卷，商务印书馆，1977年，第28页)；二、克特华斯(见樊炳清编：《哲学辞典》，第221页)；三、柯德华斯(见周辅成编：《西方伦理学名著选辑》上卷，商务印书馆，1964年，第673页)；四、库得华斯(见黑格尔著，贺麟、王太庆译：《哲学史讲演录》，商务印书馆，1978年，第四卷第160页)。

**1682年康熙二十一年五十岁**

▼配第的《货币略论：致哈里法克斯侯爵》出版。

★关于提高或降低"造币局价格"的各种幻想，……配第……对这些幻想作了极为详尽的论述，而他的直接继承人达德利·诺思爵士和约翰·洛克只能把他的思想庸俗化，……(见马克思：《资本论》，《马克思恩格斯全集》第23卷，第119页)

▼伯爵仓促逃往荷兰。

●辉格党失势。

**1683年康熙二十二年五十一岁**

▲国内政治审判案件接连发生，洛克考虑到和伯爵、辉格党关系密切，十分招嫌，开始准备逃亡，将一些稿件从保林(Pawling)处转移到第里尔处。

★霍布斯和洛克亲眼看到了荷兰资产阶级的较早的发展(他们两人都曾经有一个时期住在荷兰)，而且也看到了英国资产阶级的最初的政治运动，英国资产阶级曾经通过这些运动冲破了地方局限性的圈子，还看到了工场手工业、海外贸易和开拓殖民地的已经比较发展的阶段；特别是洛克，他的著作就是属于英国政治经济学的第一个时期的，属于出现股份公司、英国银行和英国海上霸权的那个时期的。(见马克思、恩格斯：《德意志意识形态》，《马克思恩格斯全集》第3卷，第481－482页)

▲九月七日：由布朗诺瓦陪伴去荷兰，从鹿特丹上岸，不久转往阿姆斯特丹，从此开始政治流亡生活。

▲经常给克拉克夫妇写信，谈医道、养生、处世，更多的则是双方特别关心的克拉克的女儿伊丽莎白的成长。这些信，有

的后来构成《教育漫谈》[①](*Some Thoughts Concerning Education*,1693年初版,后出增订本),其他则编为《洛克、克拉克通信集》(*The Correspondence of John Locke and Edward Clarke*,1927年)出版。

▲冬季:在阿姆斯特丹,开始写《人类理智论》,这里,来荷兰避难的英国亡命者比较集中,克拉克很快把款项设法转汇来,生活得以安顿下来。

▼沙夫茨贝里伯爵死于阿姆斯特丹。

▼在配第支持下,莫利纽[②](William Molyneux,1656－1698)在爱尔兰的都柏林成立哲学会。

① 又译:教育意见(见查士元、查士骥译述:《世界教育名著提要》〔全16册〕,世界书局,1928年);中译本:傅任敢:《教育漫话》〔292页〕,商务印书馆,1937年;〔192页〕,人民教育出版社,1957。

② 又译:莫邻诺(见关文运:《人类理智论》,第112页)。

**1684年康熙二十三年五十二岁**

▲年初:接到第里尔来信,提到他翻阅受洛克委托所保存的手稿,感到其中谈论人性部分,跟霍布斯、杜汉默(Monsieur Duhamel)的论述相比,无异节要与原文,促请洛克深入探讨这个题目。

▲五月:和巴黎的索纳德的通信联系中断两年之后,由索纳德主动接上关系,两人又鱼雁往返频繁。

▲八月:会见拿骚亲王。这是一趟游历旅程的插曲。主仆两人从阿尔克马(Alkmaar)、霍恩(Hoorn)、恩克霍伊曾(Enkhuysen)、弗里斯兰(Friesland)、弗兰尼卡(Franeker)、吕伐登(Leeuwarden)、格罗宁根(Groningen)、阿纳姆(Arnhem)、内伊梅根(Nijmegen)到瓦勒(Waal),最后从乌特勒支返阿姆斯特丹,既游遍大城市,也深入小村镇,访问大学、图书馆,参观教堂、名胜、古迹,新兴的资产阶级国家,生动活泼的思想生活,兴旺发达的经济活动,给他的印象迥异于法国。

▲十一月:基督教会学院研究员资格被取消。

▲冬季:移居乌特勒支。

**1685 年康熙二十四年五十三岁**

●二月:查理二世死,詹姆士二世继位。

●六月:蒙第斯公爵在英国西南各郡起义失败。

△英国政府向荷兰政府提出,要求引渡 85 名同蒙第斯起义有牵连的人物。洛克风闻自己名列第 84 名,就隐姓埋名,不再公开活动。

▲布朗诺瓦为他画像。(见克兰斯东:《洛克传》,内封对页)

▼英国唯心主义哲学家贝克莱(Bishop Berkeley,1685—1753)生于爱尔兰。

★贝克莱和狄德罗都渊源于洛克。(见列宁:《唯物主义和经验批判主义》。《列宁全集》第 14 卷,第 124 页)

●英国全部耕地,农民掌握一半,独立的自耕农有 16 至 18 万户。

**1686 年康熙二十五年五十四岁**

●五月:英荷关于政治犯引渡交涉结束,荷兰拒绝英国的要求。

▲逐渐公开身份,又在社会上自由活动。

▲九月:寄《人类理智论》第 3 卷〔草稿 C〕给柏波罗克爵士。

▲冬季:赶写《人类理智论》第 4 卷。

▲以拉丁文写《论宗教宽容的信》,寄给林保爵士[①](Philip van Limborch,1633—?)。

★洛克是这种自由思想的始祖,而在沙夫茨贝里和博林布罗克[②]那里自由思想就已经具有一种巧妙的形式,这种形式后来在法国得到了十分顺利的发展。(见马克思、恩格斯:《〈新莱茵报。政治经济评论〉新 2 期上发表的书评》,《马克思恩格斯全集》第 7 卷,第 249 页)

▼瑞士新教神学家、阿姆斯特丹神学院新任教授勒·格勒克(Jean Le Clerc,1652/1657—1736)筹备《各国书讯》(*La Biblîothèque Universelle*,1686—1693,共 25 号),向各国学术界人士莱布尼兹、波义耳,包括洛克等发函或登门约聘为撰稿人,征求稿件。

① 这位基塞斯格拉(Keizersgracht)神学院神学教授是洛克在阿姆斯特丹的头一批朋友,属于抗议派(Remonstrants),两人一见如故。林保多年后回忆道:〔洛克先生〕自我介绍,我们于是大谈特谈宗教,他说他早就从一个方面研究抗议派学说,现在

他又知道抗议派实际是什么,他没想到大家许多观点这么一致。(见布恩:《洛克传》第2卷,第6页,转引自克兰斯顿:《洛克传》,第233页)

② 又译:波林勃罗克(见赫胥黎著:《进化论与伦理学》,科学出版社,1971年,第50页)。

**1687年康熙二十六年五十五岁**

▲一月:从阿姆斯特丹移居鹿特丹,接受一位英国侨商、藏书家佛里(Benjamin Furly,1636—1714)的邀请,住到那里。

▽伯纳特(Thomas Burnet)的《信仰新论》(New Theory of the Faith)出版。洛克在《人类理智论》[①] 中讥讽这位作者的天文知识肤浅可笑。

▲《人类理智论》脱稿。

●四月二日:詹姆士二世发表“信仰宽容宣言”,形式上是废除早先颁布的镇压非国教的新教徒和天主教徒的法律,实质上是为恢复天主教活动开道,于是,引起了英国资产阶级和贵族利益的尖锐冲突。

▼牛顿的《自然哲学的数学原理》出版。

① 见关文运译本,第157页。

**1688年康熙二十七年五十六岁**

▲夏季:克拉克来,一同往见奥伦治亲王。

●六月:宫廷政变,所谓“光荣革命”,斯图亚特王朝末代国王詹姆士二世逃往法国。

●十一月:奥伦治亲王率军入英。

▲《人类理智论》的摘要由勒·格勒克译为法文发表于《各国书讯》。

▲洛克当即收到友人赞许的书信,也得知牛津方面有人持反对看法。支持者中有故人达马丽斯·库德华兹(此时已是马萨姆夫人),有新交纪塞女士(乌特勒支),有知己塞纳德,等等。

**1689年康熙二十八年五十七岁**

★洛克在宗教上就像在政治上一样,是1688年的阶级妥协的产儿。(见恩格斯:《致康·施米特,1890年10月27日》,《马克思恩格斯全集》第37卷,第489页)

▲春季:《论宗教宽容的信》(Epistola de Tolerantia)由勒·格勒克匿名出版于荷兰古达(Gouda)。

▲二月:结束五年来的流亡生活,带着"荷兰资产阶级的较早的发展"给他的丰富、深刻印象,随奥伦治亲王的妻子玛丽一行回国。

▲弗雷斯特(Hermann Verelst)为他画像。

▲三月:在第八代柏波罗克爵士的"沙龙",结识科学家牛顿。牛顿来伦敦参加国会。爵士晚年兴趣从法律、政治扩大而及于各种科学、学科,并在家中接待学术界人士。洛克经常参加"沙龙"。

▲担任上诉法院专员(Commissionor of Appeals),年俸 200 镑。

▲气喘病加剧。

▼夏季:柏波罗克爵士出任驻荷兰大使。

▲十月:《论宗教宽容的信,第一封》由波伯尔[①] (William Popple)译为英文,取名《一封谈宗教宽容的信》(*A Letter Concerning Toleration*)出版于伦敦。事前未征得洛克同意,洛克临终仍耿耿于怀。

▲十二月:《人类理智论》[②] 出版,前两卷匿名,后两卷具名。封面年代署 1690 年,实际上 1689 年冬季已投放市场。

★除了否定神学和 17 世纪的形而上学之外,还需要有**肯定的、反形而上学的**体系。人们感到需要一部能够把当时的生活实践归结为一个体系并从理论上加以论证的书。这时,**洛克**关于人类理性的起源的著作很凑巧地在英吉利海峡那边出现了,它像一位久盼的客人一样受到了热烈的欢迎。(见马克思、恩格斯:《神圣家族》,《马克思恩格斯全集》第 2 卷,第 162 页)

●奥伦治的威廉三世(1650—1702)在位(1689—1702)。

●宗教宽容法案通过,非国教的新教徒获准担任国家职务,至于激进的宗教,遑论一些怀疑论者,则仍受限制。

① 英国商人,在法国波尔多行商,持唯一宗观点,主张神性唯一,反对三位一体说。在当时正统派眼中是异端邪说,属于索西尼派(Socinian)一流,该痛斥打击的。

② 中译本:邓均吾:《人类悟性论》〔上下两册,404 页+405 页〕,〔上海〕辛垦书店,1934 年;关文运:《人类理解论》〔共 722 页〕,商务印书馆,1959 年。

**1690 年康熙二十九年五十八岁**

▲秋季:《政府论两篇》[1]出版。

▲九月:牛顿开始和他通信,讨论内容,《圣经》、宗教信仰方面的看法多于科学见解。

▲《论宗教宽容的信,第二封》(英文)匿名发表。

▲十一月:收到牛顿寄来研究《圣经》的材料,讨论《以斯拉书》、《尼希米书》。

▼"在法国为行将到来的革命启发过人们头脑的那些伟大人物",最初一批在 17、18 世纪之交陆续诞生:孟德斯鸠(1689)、伏尔泰(1694)、魁奈(1694)、布丰(1707)、拉美特里(1709)[2]、马布利(1709)。

★培根、霍布斯和洛克是法国唯物主义者这个光辉的学派的前辈。(见恩格斯:《〈社会主义从空想到科学的发展〉英文版导言》,《马克思恩格斯全集》第 22 卷,第 342 页)

① 中译本:叶启芳、瞿菊农:《政府论》下篇:《论政府的真正起源、范围和目的》,商务印书馆,1964 年。

② 后来,有人称拉美特里为"洛克的模仿者"(un singe de Locke)。见达米戎:《回忆录》,第 1 卷,第 35 页,转引自托巴若:《霍尔巴赫的道德哲学》,日内瓦,1956 年,第 60 页,周辅成藏。

**1691 年康熙三十年五十九岁**

▲六月:《政府论两篇》法译本出版。

▲十一月:《论降低利息和提高货币价值的后果,1691 年致一位议员的一封信》[1](*Some Consideration of The Consequences of the Lowering of Interest and Raising the Value of Money, In a Letter Sent to a Member of Parliament*, 1691)出版于伦敦。

★洛克直截了当地说明了金银没有价值和金银价值取决于金银量这二者之间的关系。(见马克思:《资本论》,《马克思恩格斯全集》第 23 卷,第 144 页)

★洛克是同封建社会相对立的资产阶级社会的法权观念的经典表达者;此外,洛克哲学成了以后整个英国政治经济学的一切观念的基础,所以他的观点就更加重要。(见马克思:《资本论》第 4 卷:《剩余价值理论》,《马克思恩格斯全集》第 26 卷第 1 册,第 393 页)

▲编辑拉丁文、英文对照《伊索寓言》,供儿童学习用。

▽化学家波义耳去世，遗嘱把洛克也列为遗嘱执行者。

▽整理波义耳的《空气通史》，洛克参照了自己 1666 年有关气体的笔记。

▼达·诺思的《贸易论》(D. North, *Discourses upon Trade*)出版于伦敦。

★**诺思**和**洛克**就同一个问题即**利率降低**和**国家提高货币价值**的问题，同时写了他们的著作。但是，他们阐明的观点是完全对立的。……在**达德利·诺思爵士**那里，我们看见同洛克的观点对立的关于利息的第一个正确的概念。(见马克思《资本论》第 4 卷:《剩余价值理论》,《马克思恩格斯全集》第 26 卷，第 1 册，第 389 页)

① 约·马西在 1750 年匿名出版《论决定自然利息率的原因。对威廉·配第爵士和洛克先生关于这个问题的见解的考察》于伦敦，休谟在 1764 年出版《若干问题论丛》〔两卷〕。马克思针对他们的这两部书，指出:“休谟反对洛克，而马西反对配第和洛克。”(见马克思:《资本论》,《马克思恩格斯全集》，第 26 卷，第 1 册，第 400 页)

**1692 年康熙三十一年六十岁**

▲夏季:写《论宗教宽容的信，第三封》。

△七月:研究光学、天文学的莫利纽发表《新屈光学》(*Dioptrica Nova*)。作者在书中推崇洛克的《人类理智论》，洛克当即去函致谢，并进一步征求对《理智论》的意见，从此开始了通信关系。他们在荷兰来顿原已有一面之交。

▲秋季:以抵押贷款形式借 300 镑给一个人。



**1693 年康熙三十二年六十一岁**

▲二月:《人类理智论》再版。新版按莫利纽的意见做了改动。

★**洛克**在他论人类理性的起源的著作中，论证了培根和霍布斯的原则。(见马克思恩格斯:《神圣家族》,《马克思恩格斯全集》第 2 卷，第 164 页)

▲《教育漫谈》(*Some Thoughts on Education*)出版。

△九月:收到皇家学会秘书(1693—1712)、博物学家、医生斯隆(Hans Sloane, 1660—1753)寄来的各地活动情况材料，洛克去函致谢。洛克逝世后，斯隆把洛克手迹献交大英博物馆保存。

▲间或到伦敦小住。

△牛顿来信称洛克为霍布斯分子[①](a Hobbist),洛克体谅当时牛顿健康不佳,只委婉解释,从此两人疏远。

① 照本特利(Dr. Bentley)的说法:当时,饭馆、咖啡店,不仅此,威斯特明斯特厅,正统教堂,〔霍布斯分子〕到处有的是。他甚至认为100个不信教的人有99个是霍布斯分子。

**1694年康熙三十三年六十二岁**

●英格兰银行在伦敦设立。全欧洲金融交易最重要的中心,一直是在意大利,然后是在荷兰,现在英国资产阶级决心使之转到英国来,以建立对世界的霸权。

▲五月:以《人类理智论》再版本赠莫利纽。读者、友人都对本书十分注意,艾维林(John Evelyn)、柏皮斯[①](Samuel Pepys)仔细核对两版的差异。

△由于政治观点一致,弗雷克(John Freke,1652—1714,中殿法学协会会员,托兰的友人)和克拉克(已是下院议员)经常接近洛克,前后两年。

① 又译:裴庇斯(见J.伯恩斯坦著、丁元煦译:《电子计算机》,科学出版社,1978年,第10页)

**1695年康熙三十四年六十三岁**

▲《再论提高货币价值》(*Further Considerations Concerning Raising the Value of Money*)、《基督教的合理性》(*The Reasonableness of Christianity*,匿名)、《〈基督教的合理性〉辩》(匿名)陆续出版于伦敦。

▼爱德华(John Edward,1637—1716)出版《无神论的一些动机和原因》(*The Several Causes and Occasions of Atheism*),攻击《基督教的合理性》。

▼九月:朗兹(William Lowndes,1652—1724)出版《论整顿银币的报告》(*A Report Containing an Essay for the Amendmend of the Silver Coins*)。

★**约翰·洛克**是一切形式的新兴资产阶级的代表,他代表工厂主反对工人阶级和贫民,代表商人反对旧式高利贷者,代表金融贵族反对作为债务人的国家,他在自己的一本著作中甚至证明资产阶级的理智是人类的正常理智,他也接受了朗兹的挑战。约翰·洛克获得了胜利,……(见马克思:《政治经济学批判》,第61—62页)

▲《教育漫话》由移居荷兰的法国青年考斯特(Pierre Coste)

翻译为法文出版于荷兰。

△友人哈利(Sir Edward Harley,1624—1700)的《论对基督教根据圣经所做的阐述和根据理性所做的阐述》(*A Scriptural and Rational Account of the Christian Religion*)出版。洛克和作者有通信联系。

**1696 年康熙三十五年六十四岁**

▲《基督教的合理性》由考斯特译为法文出版于荷兰。

▼约翰·托兰的《基督教并不神秘》(*Christianity not Mysterious*)匿名出版。同年署名再版。1702 年第 3 版,附"答辩"。公众最初把这部书当做是洛克所著,与《基督教的合理性》相提并论。伍斯特主教(Bishop of Worcester,1635—1699)当即把索西尼异端的帽子扣到他们二人头上;托兰自称是洛克的弟子,洛克未予公开承认。

▽巴尔本(Nicolas Barbon,1640—1698)的《新币轻铸论,答洛克先生关于提高货币价值的意见》(*A discourse concerning coining the new money lighter, in answer to Mr Locke considerations, etc.*)出版。

★〔巴尔本〕企图把洛克引入危险地带,但没有成功。(见马克思:《政治经济学批判》,第 62 页)

▲达勒(M. Dahl)为他画像。

●英国政府批准航海条例,严禁英国和殖民地的货物由外国船只转运他国,英国资产阶级从而垄断殖民地贸易,既以法律形式巩固实际的商战胜利,又发挥政府权力,将海上霸权推而广之。

**1697 年康熙三十六年六十五岁**

▲《论伍斯特主教[①]有关洛克先生的〈人类理智论〉若干言论的信》(*A Letter to the Right Rev. Edward Ld. Bishop of Worcester, concerning Some Passage relating to Mr. Locke's Essay of Human Understanding*)、《洛克先生答伍斯特主教对他的信的答复》(八月)先后出版。

▲定居于埃塞克斯郡奥德斯(Oates,距伦敦 30 公里),夏秋两季到伦敦办公。

▼布朗诺瓦转任波伯尔的办事员,仆人改为吉卜林(Thomas Kiplin),不久又改为托林顿(James Dorington)。

▲十二月:健康进一步恶化。

▲《政府论两篇》由马塞(Mazel)译为法文出版。

① 又译:一、沃尔切斯切尔主教〔见《论16世纪末18世纪初西欧哲学》第201页,此外,紧接着就称之为斯特林弗利特,因为他俗名爱德华·斯蒂林弗利特(Edward Stillingfleet,见黑格尔著,贺麟、王太庆译:《哲学史讲演录》,商务印书馆,第4卷,1979年,第515页),又译斯梯灵弗里特(见伏尔泰著:《哲学通信》,上海人民出版社,1961年,第53页)〕;二、沃彻斯特(见查伊钦科著,汪裕荪、忻鼎明译:《洛克的哲学》〔Заиченко, Философия Ажона Локка,1959〕,上海人民出版社,1960年,第40页)。

**1698年康熙三十七年六十六岁**

△考斯特来访,随即在奥德斯一个人家做家庭教师,后来成为洛克的秘书。

△夏季:莫利纽到伦敦会见洛克。莫利纽回到都柏林后不上一个月就去世。

▲奈勒(Sir Godfrey Kneller)为他画像,此像常为人所选用。(见克兰斯东:《洛克传》第240页对页)

**1699年康熙三十八年六十七岁**

★从17世纪以来,全部现代唯物主义的发祥地正是英国。(见恩格斯:《〈社会主义从空想到科学的发展〉英文版导言》,《马克思恩格斯全集》第22卷,第339页)

▼五月:格洛德(Samuel Blode)的小册子《论公开反对洛克先生〈人类理智论〉的主要意见和论据》[①](*Some Considerations on the Principal Objections and Arguments which have been Published against Mr. Locke's Essays of the Human Understanding*)出版。

▲《洛克先生答伍斯特主教对他的第二封信的答复》出版。

① 写《理智论》,洛克受到友人(柏波罗克爵士、托玛斯、克拉克等)的敦促,出版时,受到友人(索纳德等)的赞许,流传国外时,译者(勒·格勒克、考斯特等)争相介绍,再版时,人们关心理论的发展,挨批时,得到人们(柏洛德等)的声援。《理智论》确实堪称"稀客",一位久盼的客人。值得一提的是,在一些反对者中,莱布尼兹虽然写了一部《人类理智新论》〔法文〕,唱对台戏,却不愿在洛克在世时发表,而于1765年,经汉诺威文物馆长拉斯佩〔R. E. Raspe〕从档案中发现,这才为世人所知。

**1700年康熙三十九年六十八岁**
▲六月:终因健康关系,辞去公务。
▲《人类理智论》由考斯特译为法文,经作者校阅后出版。
★经济上落后的国家在哲学上仍然能够演奏第一提琴:十八世纪的法国对英国(而英国哲学是法国人引为依据的)来说是如此,后来的德国对英法两国来说也是如此。(见恩格斯:《致康·施米特,1890年10月27日》,《马克思恩格斯全集》第37卷第490页)

**1701年康熙四十年六十九岁**
▲《人类理智论》由莫利纽友人伯里奇(Richard Burridge)译为拉丁文出版于阿姆斯特丹。
▲下半年:健康显著恶化,耳聋、腿肿,书写艰难。
▼托兰的《自由的英格兰》(*Angila Libera*)出版。
●根据王位继承法,斯图亚特王朝的长系永远被剥夺王位继承权,各部大臣向议会而不必向国王负责,内阁由在议会中占多数的政党代表组成。
●辉格党在议会中占优势,力量大为增强。
●西班牙发生王位继承战争(1701—1713)。

**1702年康熙四十一年七十岁**
▲撰写《论神迹》(*A Discourse of Miracles*),后由友人收于《遗著集》。
▲写《新约·保罗书》的摘要和注释(*A Paraphrases and Notes on the Epistles of St. Paul to the Galatians*),1705年出版于伦敦。
●安娜女王登基(1702—1714)。



**1703年康熙四十二年七十一岁**
▲以《保罗书》注释寄请牛顿提意见。
▲友人纷纷前来探视。
▲十一月:《英拉双璧伊索寓言》(Aesop's Fables in English and Latin)出版于伦敦,编者序言无署名。
△丘吉尔(A. and J. Churchill)兄弟所编《游记集锦》出版于伦敦。本书由洛克指导编辑而成。[①]
●英葡麦特温条约签订,英国工业品从此打入葡市场。

① J.丘吉尔是洛克著作的出版者。洛克对于游记有偏好。17世纪正是英国向海外扩张的时代,法意传教士的东方游记继马可波罗游记大受读者欢迎。洛克自不放过这一类令人眼界开阔的读物,《理智论》就曾引用《安南旅行记》、《游记集·中国礼仪

史》等书，而他自己也是勤于写游记的。

**1704 年康熙四十三年七十二岁**

●年初：牛津大学院长会议决议禁止《人类理智论》。

●正式禁止《理智论》前后，实际上就有一场围剿在进行：洛德(James Lowde)的《论人性》(*A Discourse Concerning the Nature of Man*)，米尔纳(John Milner)的《揭示洛克先生著作中的宗教观点》(*An Account of Mr. Locke's Religion, Out of his Own Writings*)，舍萨金特[1](John Sergeant)的《可靠的哲学》(*Solid Philosophy*)，伯尔纳(Thomas Burnet)的《评〈人类理智论〉》(*Remarks upon an Essay Concerning Human Understanding*)，贝根萨尔(Thomas Becconsall)的《自然宗教的根据和基础》(*The Grounds and Foundation of Natural Religion*)李(Henry Lee)的《反怀疑论，洛克先生〈人类理智论〉评论》(*Anti-Scepticism; or Notes Upon each Chapter of Mr. Locke's Essay Concerning Human Understanding*)先后出版。

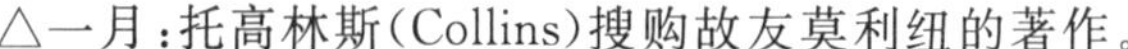

△一月：托高林斯(Collins)搜购故友莫利纽的著作。

▲四月：写遗嘱，指定高林斯和侄子金(Peter King)为遗稿保管人。



遗稿包括：《回忆安东尼，第一代沙夫兹贝里伯爵生平》(*Memoirs relating to the Life of Anthony, first Earl of Schaftesbury*)；《评诺里斯先生的几部书，他在书里考察了马勒伯朗士的"从神看一切"的意见》；《理智的指导》(*The Conduct of the Understanding*)。

▲写《论宗教宽容的信，第四封》(残篇)。

▲十月二八日：逝世。弥留之际，考斯特、金、马汉夫人[2]一直守着他。

▲遗产估计 2 万镑，藏书 5 000 册，大量手稿、信札(约 3 000 通)、日记、笔记等。

① 又译：塞尔仁脱(见汪裕荪等译：《洛克的哲学》，第 39 页)

② 不久，她向林保提到他时，称他为"第二父亲"(un second père)。

**1705 年康熙四十四年**

▼勒・格勒克撰《洛克赞》(Éloge)。

▼考斯特的《洛克先生的性格》出版于阿姆斯特丹。

▲二月：荷兰《文坛新闻》登载洛克逝世消息。

▲不多几年后，洛克的半身的雕像和培根、牛顿、克拉克并立于伦敦西南里士满市郊里士满公园哲学纪念亭中。

▼法国唯物主义者、法国百科全书派，这些继承培根、霍布斯和洛克的思想家，在洛克逝世后不久又出现一批，他们是中坚人物：狄德罗(1713)、卢梭(1712)、爱尔维修(1715)、孔狄亚克(1715)、达朗贝尔(1717)、霍尔巴赫(1723)、杜尔阁(1727)等。

★**法国唯物主义**有**两个派别**：一派起源于**笛卡尔**，一派起源于**洛克**。后一派**主要**是**法国**有教养的分子，它直接导向**社会主义**。前一派是**机械**唯物主义，它成为真正的法国**自然科学**的财产。这两个派别在发展过程中是相互交错的。(见马克思、恩格斯：《神圣家族》，《马克思恩格斯全集》第 2 卷，第 160 页)

★曾经**直接受**教于洛克和**在法国**解释洛克的**孔狄亚克**立即用洛克的感觉论去反对 17 世纪的**形而上学**。(见马克思、恩格斯：《神圣家族》，《马克思恩格斯全集》第 2 卷，第 165 页)

★洛克成了英国、法国、意大利的政治经济学的主要"哲学家"。(见马克思：《资本论》，《马克思恩格斯全集》第 23 卷，第 428 页)

★重农主义的观点来源于**洛克**和**范德林特**的观点。(见《资本论》，第 4 卷：《剩余价值理论》，《马克思恩格斯全集》第 26 卷，第 1 册，第 410 页)

## 著作出版情况

《约翰·洛克遗著集》(*Posthumous Works of Mr. John Locke*，共六篇)，1706。

《约翰·洛克遗稿集》(*The Remains of John Locke*)，卡尔(E. Curl)编伦敦，1714。

《约翰·洛克著作集》(*The Works of John Locke*)，三卷，伦敦，1714；第 10 版，10 卷，伦敦，1801；修订新版，1823；1963 年，西德，北京图书馆藏。

《约翰·洛克哲学著作集》(*Philosophical works*)，两卷，1872。

《洛克哲学著作选集》(Избранные философские произведения)，两卷，柯日卢(B. Козерук)编，莫斯科，1960。

《洛克来往信札》(*The Correspondence of John Locke*),8 卷,比尔〔E. S. De Beer〕主编;第 3 卷(信第 849 号至第 1241 号,1686 年至 1689 年间),801 页,牛津,1978 年,商务印书馆资料室藏。

**图书在版编目(CIP)数据**

论降低利息和提高货币价值的后果/(英)约翰·洛克著;徐式谷译.—北京:商务印书馆,2017
(汉译世界学术名著丛书:120年纪念版:珍藏本)
ISBN 978-7-100-14115-4

Ⅰ.①论… Ⅱ.①约… ②徐… Ⅲ.①货币理论②利息—理论 Ⅳ.①F820②F032.2

中国版本图书馆CIP数据核字(2017)第138585号

权利保留,侵权必究。

汉译世界学术名著丛书
(120年纪念版·珍藏本)
**论降低利息和提高货币价值的后果**
〔英〕约翰·洛克 著
徐式谷 译

---

商 务 印 书 馆 出 版
(北京王府井大街36号 邮政编码100710)
商 务 印 书 馆 发 行
南京爱德印刷有限公司印刷
ISBN 978-7-100-14115-4

---

2017年12月第1版 开本 710×1000 1/16
2017年12月第1次印刷 印张 9½
定价:60.00元